HENRI GARROT

CAHIERS ALGÉRIENS

La Banque de l'Algérie

SES ORIGINES. — SES MODES D'OPÉRER ET SES RÉSULTATS EN ALGÉRIE

Latifundia perdidere Italiam.

Deuxième édition

PARIS

NOUVELLE LIBRAIRIE PARISIENNE

ALBERT SAVINE, ÉDITEUR

12, *rue des Pyramides*, 12

LA

BANQUE DE L'ALGÉRIE

IMP. DU PROGRÈS. — CH. LÉPICE, 7, RUE DU BOIS. ASNIÈRES.

HENRI GARROT

CAHIERS ALGÉRIENS

LA

BANQUE DE L'ALGÉRIE

SES ORIGINES. — SES MODES D'OPÉRER
ET SES RÉSULTATS EN ALGÉRIE

Latifundia perdidere Italiam.

PARIS
NOUVELLE LIBRAIRIE PARISIENNE
ALBERT SAVINE, ÉDITEUR
12, RUE DES PYRAMIDES, 12
1892

A MONSIEUR LE PRÉSIDENT

ET

A MESSIEURS LES MEMBRES

DE LA

Commission d'étude des Questions Algériennes au Sénat.

MONSIEUR LE PRÉSIDENT,
MESSIEURS LES SÉNATEURS,

En prenant la liberté de vous dédier cet ouvrage, je joins respectueusement ma voix à celle de tous les Algériens, pour vous remercier de l'intérêt que vous portez à notre pays, et vous exprimer toute notre reconnaissance pour les travaux nombreux auxquels vous vous livrez, dans le but d'améliorer notre sort.

Ce travail n'a d'autre mérite que celui de la sincérité et de l'exactitude; j'ose espérer qu'il attirera votre attention sur la **Banque de l'Algérie**, *signalée tout spécialement à vos* *investigations, et que votre enquête aura pour conséquence de mettre un terme aux déprédations que cet établissement financier commet tous les jours, à l'abri du privilège dont il ose demander le renouvellement.*

H. GARROT.

Philippeville, mars 1892.

PRÉFACE

A mes Concitoyens.

Lorsque, le mois dernier, je faisais part quelques amis de la campagne que j'allais entreprendre, moi chétif et isolé, contre la Banque de l'Algérie, cette puissance, cette souveraine, qui distribue les deniers ou les retire à sa fantaisie ; qui fait nommer maires, conseillers généraux, sénateurs et députés ; qui comble de ses largesses ses favoris, *les forts*, et ruine à son gré les autres, *les petits et les faibles*, tous m'ont serré la main, m'approuvant dans cette tâche au but salutaire et patriotique.

Je sentais que la manifestation de leurs sympathies était sincère.

Mais presque tous m'ont montré le danger de me heurter à la Banque, qui disposait, disaient-ils, de la force en Algérie, — *qui obte-*

nait ce qui lui plaisait des pouvoirs publics, absolument à sa merci, — et qui brisait avec leur aide, et par sa volonté, tout ce qui ne lui était pas favorable.

On me montrait le désert que j'allais créer autour de moi.

On me faisait entrevoir mon présent compromis, mon avenir brisé :

La Banque vous tuera, disait-on, comme tant d'autres.

Elle vous calomniera : ELLE L'A DÉJA FAIT !

Vous ne trouverez pas à assurer à vos enfants le pain de chaque jour, parce que la Banque, *qui est partout en Algérie*, usera de toute l'influence que lui procure la répartition du crédit, pour vous empêcher de trouver du travail ;

Déjà, ajoutait-on, ceux de vos amis qui vous saluent dans la rue sont mal notés, et se ressentent, en présentant leurs bordereaux d'effets à l'escompte, de la sympathie qu'on leur suppose à votre égard.

Je n'ai pas voulu écouter ces avis, qui pourtant partaient de cœurs dévoués, qui me venaient d'amitiés éprouvées.

Je savais que j'assumerais sur moi et sur les miens des colères épouvantables et des haines nombreuses ; que les obstacles qui surgissaient sous mes pas s'augmenteraient encore de rancunes terribles.

Mais j'ai pensé que ma personne ne devait pas compter, quand il s'agissait de prendre en mains la défense de ceux qui souffrent

Et j'ai marché. Je me suis consacré au salut de mes concitoyens. Ma tâche ardue commence à peine ; j'en verrai la fin.

Je montrerai partout ce qu'est la Banque de l'Algérie.

Je dirai ce que cette pieuvre, aux tentacules épuisantes, a fait de notre beau pays.

Et je ne la quitterai que lorsque l'heure de la justice aura sonné.

Si en Algérie la lutte est impossible, — car il faut vivre, — je combattrai de France. La France n'est-elle pas l'Algérie, comme l'Algérie est la France? Et en France, je trouverai des appuis, parce qu'en France on est juste.

Puis, je dirai à tous ceux qui ont le cœur ulcéré des misères qu'ils ont eu à endurer de la Banque, je dirai :

A tous ces malheureux colons dépossédés par elle, parce qu'ils ont créé des exploitations convoitées :

A tous ces propriétaires ruinés, parce qu'ils ont mal voté ;

A tous ces commerçants qui succombent, parce que la Banque s'est emparée de tous les biens de leurs débiteurs, qu'elle a rendus insolvables du jour au lendemain,

Je leur dirai :

« *Comptez sur moi, écrivez-moi, renseignez-moi.* »

Ce livre est le **premier chapitre** de nos revendications.

Aidez-moi de votre concours, et à nous tous, commençons l'œuvre de « salubrité publique », en demandant que l'on débarrasse l'Algérie de sa Banque privilégiée actuelle, en l'arrêtant dans ses méfaits, et en la forçant à restituer les biens dont elle s'est emparée indûment.

Que les larmes que la Banque a fait verser, et qu'elle fait répandre tous les jours, se tarissent enfin.

Espérons tout de l'avenir :

RESTITUTION ET LIBÉRATION.

H. GARROT.

PREMIÈRE PARTIE

LA BANQUE DE L'ALGÉRIE

SES ORIGINES, SES MODES D'OPÉRER ET SES RÉSULTATS EN ALGÉRIE

I

EXPOSÉ

Quand, au camp devant Alger, le 5 juillet 1830, M. de Bourmont faisait signer au dey Hussein, et recevait de ses mains la capitulation qui livrait à la France la possession du nord de l'Afrique, on put justement dire qu'à l'abri de nos couleurs une ère nouvelle s'ouvrait pour ce pays.

Les Grecs et les Phéniciens s'étaient pendant douze siècles disputé cette terre féconde, et l'autorité de Carthage, s'élevant sur l'autel des Philènes à la place de celle de Cyrène, n'avait fait que précéder la domination de Rome, qui sut assurer des produits du sol de sa province d'Afrique, les immenses approvisionnements que le préfet de l' « Annone » dirigeait régulièrement sur les flottes dont il avait le commandement, vers les ports des villes impériales.

La période arabe avait ralenti ces exportations, qui pendant six cents ans nourrirent le « peuple roi ».

Mais, l'occupation française devait mettre un terme à ce ralentissement, en donnant, dès que la sécurité fut rétablie par nos soins, un nouvel essor à la production.

A l'exemple des Romains, qui distribuèrent le territoire conquis aux vétérans des armées, ou le répartirent en ventes et en locations à des émigrants, des centres furent créés, qui parsemèrent bientôt d'îlots verdoyants l'immense territoire qui s'étend des oasis du sud aux plages de la Méditerranée, et va, des rivages des Syrtes, aux bords de la Moulouia.

Ces créations, reliées par des voies de défense et de communications, avaient, malgré bien des tâtonnements, produit quelques résultats.

Des maisons de commerce, importantes quelquefois, s'étaient partout installées, qui échangeaient avec l'Europe des articles d'importation, aussi bien que des productions de l'intérieur; ces dernières rendues plus abondantes au fur et à mesure du transport à la mer plus facile.

Et grâce à des échanges d'affaires, et, par suite, à la fusion des intérêts entre les aborigènes et les nouveaux colons, il était possible d'entrevoir la date où un vaste champ d'exploitation financière allait en devenir la conséquence obligatoire.

La Banque de France semblait être appelée à profiter de cette situation. Elle fut même autorisée, par une loi du 19 juillet 1845, à établir à Alger un Comptoir d'escompte.

Mais, pendant qu'elle hésitait dans cet établissement, les événements de 1848 survinrent; et la Banque de France, qui aime les situations toutes faites, qui avait eu pendant trois ans le loisir d'examiner que l'organisation du crédit en Algérie n'était pas chose acquise, — si c'était chose facile, — que, dans ces conditions, elle ne réaliserait pas des profits immédiats, laissa complaisamment la place à un nouveau Comptoir d'escompte, créé par décret du Gouvernement provisoire du 7 mars 1848.

Ce Comptoir d'escompte fut, à son tour, fondu dans la *Banque de l'Algérie*, qui l'absorba, lors de la loi du 4 août 1851.

II

LA BANQUE DE L'ALGÉRIE

L'Assemblée Nationale, qui, le 4 août 1851, adoptait, d'urgence et sans y réfléchir, cette loi organique, commettait une faute dont l'Algérie paie encore aujourd'hui, et paiera longtemps peut-être, les conséquences.

Elle créait de toutes pièces une Banque autonome, dans un pays récemment conquis par les armes !

Le moindre désavantage de cette création prématurée, était de voir bientôt cette institution, si loin de la surveillance du ministre des Finances, abuser de cet éloignement pour commettre les actes qui lui sont actuellement reprochés.

Jusqu'en 1880, la Banque de l'Algérie n'avait pas trop fait parler d'elle, elle se bornait à faire ses affaires, en demeurant autant que possible dans la limite des statuts qui lui avaient été prescrits.

Il y avait bien parfois quelques accrocs aux dits statuts, quelques coups de canif dans les règlements; mais c'était blessures légères qui passaient généralement inaperçues.

On devait bien une forte somme au Trésor public, mais ce dernier ne réclamait pas, parce qu'il avait confiance.

La Banque était alors dirigée par un brave homme, M. Ernest Chevallier, trésorier-payeur en retraite.

M. Chevallier, qui avait apporté avec lui des habitudes d'ordre et d'exactitude, acquises pendant une longue carrière administrative distinguée, jugea qu'il lui suffirait simplement d'appliquer ces qualités à la direction qui lui avait été confiée.

Il avait trouvé, en prenant possession de son poste, une organisation toute faite, une machine montée, dont le fonctionnement régulier ne laissait pas grand' chose à désirer.

Mais, il ne se méfia pas suffisamment de son entourage immédiat. Et lorsque les membres de son Conseil d'administration eurent réussi à lui insinuer que le capital social de la Banque de l'Algérie était insuffisant pour assurer la bonne marche des affaires de la colonie; — *qu'une augmentation de ce capital était devenue nécessaire!* — il se laissa aisément persuader, et obtint du gouvernement, une loi du 3 avril 1880 autorisant le doublement du capital social de la Banque; c'est-à-dire portant ce capital à la somme de vingt millions de francs!

Jusqu'alors, la Banque de l'Algérie, avec son capital de dix millions de francs, grâce à son privilége d'émission de monnaie fiduciaire, avait vu ses actions monter successivement de cinq cents francs, prix de leur émission, à deux mille deux cent trente-cinq francs, cours pratiqué.

Il est facile de se rendre compte de cette hausse, quand on examine : que le privilège d'émettre du papier monnaie donnait dans les proportions dans lesquelles ce papier était émis, à la somme de cinq cents francs versés par action, une valeur de deux mille francs de circulation.

Le dividende annuel ne variait guère, il était généralement de soixante-dix francs par action.

L'émission de ce nouveau capital était faite, à la condition que le porteur d'une action ancienne aurait seul droit à la propriété d'une action nouvelle.

C'était la mise en pratique de l'article 10 des statuts qui dit que :

Les actions à émettre seront attribuées par préférence aux propriétaires des actions déjà émises.

Seulement, une prime de quatre cents francs, qui fut exigée des bénéficiaires des actions nouvelles, formait pour le nouveau titre une somme totale de neuf cents francs.

Ce qui s'explique par le besoin d'équilibrer le droit aux *réserves* qui, par le fait de la nouvelle émission, devenait commun aux nouvelles comme aux anciennes actions.

Les vingt mille actions antérieurement souscrites avaient formé les *réserves* alors existantes ; les vingt mille actions nouvelles allaient prendre leur part de ces *réserves*, il était tout naturel qu'elles en augmentassent le chiffre au moyen d'une prime.

III

LE COUP DE BOURSE

A cette époque, les actions de la Banque trouvaient preneur en Bourse à deux mille deux cent trente-cinq francs.

Le doublement du capital, augmentation qui avait été faite sans motifs sérieux apparents, devait avoir pour effet de réduire de moitié le dividende qui avait été la cause de ce cours élevé.

Car l'augmentation des affaires en Algérie n'avait aucun rapport, même éloigné, avec le doublement du capital de la Banque, lequel allait répandre dans la circulation une somme nouvelle de :

Quarante millions de francs

dont personne n'avait l'emploi.

Il demeurait visible qu'aussitôt l'émission terminée, les dividendes annuellement distribués tomberaient à trente-cinq francs par action, c'est-à-dire ne donneraient plus que sept pour cent, au lieu de quatorze pour cent (calculé au prix d'émission des actions, soit cinq cents francs), que les actionnaires se distribuaient auparavant.

Cela ne faisait pas du tout l'affaire du Conseil d'administration de la Banque et de ses amis, de ceux qui avaient préparé l'événement, en recherchant, deux ans à l'avance, les actions de la Banque; qui s'en étaient appliqués la plus grande partie; qui, par suite de cette recherche persistante, avaient poussé le titre à deux mille deux cent trente-cinq francs.

Ceux qui, enfin, grâce à l'opération du doublement, se trouvaient avoir doublé, sans bourse délier, le bénéfice à eux ainsi dévolu, *de la circulation fiduciaire.*

Il fallait, *par tous les moyens,* maintenir le cours, ainsi surfait de deux mille deux cent trente cinq francs, afin de donner aux bénéficiaires de l'émission des actions nouvelles le temps de *passer la main*; réalisant ainsi, dans deux ou trois ans, délai prévu, le joli denier-comptant dont le Conseil d'administration de la Banque de l'Algérie s'était fait cadeau à lui-même: soit *treize cents francs par action,* au total :

Vingt-six millions de francs !

pour vingt mille actions nouvelles.

C'est alors que ce Conseil d'administration, au mépris des conséquences de sa résolution, décida de *forcer les affaires*, pour maintenir à quarante mille actions le même dividende que vingt mille avaient produit; sans prendre le moindre souci, de la bonne fin de ces opérations forcées, attendu, pensait-il, qu'il aurait toujours le temps de réaliser et de disparaître; ce temps, du reste, étant entre ses mains.

On vit, à ce moment, l'inspecteur Piquemal, qui bientôt allait devenir, secrétaire général de la Banque, partir en commis-voyageur, placeur de papier-monnaie; courir les villes, les bourgades, les villages; s'arrêtant partout, faisant des conférences jusque dans les cafés, et partout installant, ou cherchant à installer, sous le titre de:

Correspondants de la Banque,

des usines à fabriquer des escomptes.

Et quand des personnalités pressenties disaient à cet agent qu'il n'y avait pas dans leur localité matière à faire de l'escompte ;

Que les récoltes étaient incertaines, et les gens obérés;

Qu'on ne constituait pas ainsi, comme cela, sans coup férir, et du jour au lendemain, l'institution du crédit chez des gens qui, n'y étant pas habitués, abuseraient certainement, avec leur manque d'expérience, des facilités qui leur seraient faites :

Allez toujours, répétait *Gaudissart*, prenez notre papier, nous verrons bien après !

La plupart se laissaient faire. Il est si agréable de jouir de l'argent emprunté, quand l'époque du remboursement paraît indéfiniment ajournée !

Mais, ces installations de *correspondants* ne suffisaient pas à l'extension des affaires désirée par la Banque; l'organisation de ces petits fabricants de papier, qui parlaient au nom de la Banque et exerçaient ses recouvrements, avait créé dans chacune des localités où ils avaient été institués, une sorte d'aristocratie, d'autocratie politico-financière, qui cherchait à occuper la première place dans le pays; qui arrivait facilement aux Conseils municipaux, où elle se faisait élire, grâce à la direction de la répartition de l'argent dans la contrée qui lui avait été dévolue; allait même quelquefois jusqu'aux Conseils généraux, *ces parcelles du pouvoir*, et, dans tous les cas, n'étant pas contrôlée dans le choix de ses prêts, enfantait forcément autour d'elle, en même temps qu'une clientèle, un parti opposé d'adversaires nombreux.

C'est que ces adversaires, luttant d'influence et argent contre argent, constituaient l'opposition du capital réel, qu'ils possédaient et qu'ils conservaient, aux agissements de la Banque de l'Algérie; le capital restait entre leurs mains, et avec lui ils demeuraient les maîtres de leurs actions aussi bien que de leurs placements.

Cette situation ne pouvait se prolonger sans que fut retardée l'exécution du plan qui avait été combiné en Conseil d'administration de la Banque de l'Algérie.

Il fallait, pour hâter ces projets, arriver au plus

tôt à rendre tous les propriétaires du sol, ou les détenteurs des fonds disponibles, tributaires de la Banque; et, pour cela, il n'y avait qu'un moyen:

C'était de les intéresser aux propres opérations de la Banque elle-même.

La Banque drainerait ainsi toutes les espèces sonnantes, emmagasinées dans les bas de laine de la colonie, elle atténuerait, par ces rentrées d'espèces en échange de ses billets de banque, sa dette envers le Trésor public et les trésoriers-payeurs, et, pour se faire appuyer de l'opinion, elle aurait l'air de travailler au bien général, en patronnant et répandant l'institution déjà populaire des COMPTOIRS D'ESCOMPTE.

IV

LES COMPTOIRS D'ESCOMPTE

Il y avait depuis huit ou dix ans, dans une localité du département d'Oran (1), un Comptoir d'escompte que quelques propriétaires avaient formé.

La Compagnie Algérienne souvent, la Banque de l'Algérie quelquefois, lui fournissaient de l'argent, à cinq ou à six pour cent, que le Comptoir prêtait à son tour à sept ou à huit pour cent.

Et comme ce Comptoir ne recherchait pas les affaires, qu'il était prudent, qu'il ne confiait ses fonds que sur des motifs valables, *que ses administrateurs ne briguaient pas les fonctions électives*; que, de plus, le pays était fertile, et la propriété répartie, ce Comptoir se maintenait; il rendait même des services au moment des récoltes, époque à laquelle les emprunteurs trouvaient dans cet établissement les ressources immédiates nécessaires pour leur permettre d'attendre la vente de leurs produits.

La Banque de l'Algérie prit donc texte de la

(1). A Saint-Denis-du-Sig.

réputation très méritée dont jouissait ce Comptoir pour, à l'aide de cette bonne renommée, arriver aux fins qu'elle s'était promise et qui avaient été retardées par l'obstacle qui était né avec l'installation de ses correspondants.

Elle envoya de nouveau « Gaudissart » en mission, et il ne fut pas difficile à ce remarquable produit des réunions publiques, où il fit du reste son chemin (*et l' « Illustre » ne s'arrêtera pas là, il est question pour lui de la sous-direction de la Banque, en attendant mieux !*) de convaincre, avec toute l'éloquence dont il est doué par la nature, les populations rurales de l'Algérie que le salut pour elles, la prospérité ensuite, et plus tard la richesse, se trouvaient dans la création des *Comptoirs d'escompte locaux*.

La loi de 1867 sur les sociétés autorise le fonctionnement régulier d'une société anonyme, lorsque le quart du capital social a été versé, et que les commissaires ont été désignés.

Ce Pierre l'Ermite de la Banque prêchait donc sa mission dans les termes suivants :

« Mettez-vous cent, ou vingt, constituez-vous au capital de cent mille francs par exemple, vous verserez le quart, ou vingt-cinq mille francs.

« Avec ces vingt-cinq mille francs, que vous aurez versés, et qui forment le quart du capital social, que vous aurez garanti, la Banque vous prêtera : *Trois cent mille francs !*

« C'est-à-dire que, pour cent vingt-cinq francs que vous aurez réellement versés à la société à former, dont vous ferez partie par ce fait, vous aurez la faculté de vous procurer quinze cents francs, dont vous jouirez tant que vous voudrez, pourvu que vous renouveliez scrupuleusement, tous les trois mois, au Comptoir d'escompte, notre intermédiaire, en lui payant les agios qu'il vous demandera, la valeur représentative de votre emprunt.

« Nous vous prêterions bien nous-mêmes directement cette somme, mais l'article 16 de nos statuts nous embarrasse, et nous avons inventé, pour le tourner, l'intermédiaire des Comptoirs d'escompte. »

L'installation de ces sociétés fut donc chose faite.

Comme la nomination des membres des Conseils d'administration et de surveillance des Comptoirs d'escompte, qui sont généralement une douzaine, est le résultat de l'élection des actionnaires, le bon accord régna dans les premiers temps parmi tous les membres de ces sociétés.

Le correspondant de la Banque, institution diminuée par l'existence de cet établissement rival n'était plus à redouter, puisque le fait d'être actionnaire du Comptoir d'escompte donnait droit à emprunter, au moins, une somme égale au montant de celle pour laquelle on avait été jugé digne d'être admis à la souscription des actions.

On se reprit d'abord de ce côté, et tous étaient dans le ravissement; chaque emprunteur élevait dans son âme un autel à la Banque de l'Algérie qui, voyant le moment propice, profita aussitôt de ces bonnes dispositions pour, sous le prétexte de remises à faire au Trésor public, qui n'avait plus confiance et qui demandait à cor et à cris ses quarante-trois millions qu'il attend encore, réclamer partout du numéraire, au lieu et place de ses billets, qu'elle répandait ainsi dans la circulation.

Peu de personnes avaient eu la force de résister à des promesses aussi bien présentées. Et les Comptoirs d'escompte surgirent sur tous les points.

Les colons, les indigènes, qui ont toujours besoin d'argent, furent appelés à puiser à pleines mains dans ces caisses rurales.

Il y eut une véritable orgie de billets de banque répandus dans la colonie, *et les agios affluèrent aux caisses de la Banque.*

C'était le but cherché par elle.

Les cours de ses actions se maintinrent élevés pendant quelques années, durant lesquelles les bénéficiaires de son augmentation de capital réalisèrent les

VINGT-SIX MILLIONS

que ce **coup de bourse** à longue haleine leur avait procurés.

La tromperie était si bien présentée, le coup si bien monté, que les Comptoirs d'escompte qui étaient partout en concurrence avec les correspondants de la Banque, que cette dernière n'avait pas intérêt à lâcher, afin précisément d'entretenir cette rivalité des prêts qui lui amenait des *agios formidables*, battaient littéralement monnaie.

Ils prêtaient des fonds, non seulement pour attendre la vente des récoltes sur pied, mais *ils prêtaient, prétexte qui a si bien servi dans l'exécution des plans des actionnaires de la Banque*, pour planter de la vigne *qui met quatre ans à produire, ils prêtaient* pour acheter la terre dans laquelle on devait planter la vigne; *ils prêtaient* pour construire des caves et des habitations !

ET TOUS LES STATUTS, ET TOUS LES RÈGLEMENTS, AUSSI BIEN CEUX DE LA BANQUE DE L'ALGÉRIE QUE CEUX DES COMPTOIRS D'ESCOMPTE QU'ELLE A CRÉÉS, INTERDISENT LES PRÊTS AU-DELA DE « CENT JOURS D'ÉCHÉANCE »....!

C'est alors, dans le feu de ces opérations à la manière de Law, que l'on vit des terres incultes, des rochers stériles, des broussailles, qui, jusqu'à ce moment, n'avaient servi que de repaires aux fauves; des terrains nus, calcinés du soleil, et qui ne valaient pas la peine de la prise de possession, parce que leur rapport était nul, être avidement disputés, et se vendre couramment *mille francs l'hectare!* parfois davantage! (1)

Les têtes se montaient, les cerveaux se trou-

1. J'en pourrais citer qui ont été vendus dix mille francs l'hectare.

blaient; toute notion exacte de la réalité disparaissait, et pendant ce temps les actionnaires de la Banque de l'Algérie, mis au courant, « passaient la main », c'est-à-dire, échangeaient contre de belles espèces, les actions qui avaient été, par ces moyens, si habilement maintenues dans les grands prix.

Quand M. Chevallier, qui avait été systématiquement et adroitement tenu en dehors de toutes ces turpitudes, à l'écart de toutes ces combinaisons, entrevit le gouffre au fond duquel le vrai capital de la Banque avait été lancé; quand il put se rendre compte de ce qu'on lui avait fait faire, il se retourna vers ceux qui avaient fait un tel usage du pouvoir qu'il leur avait abandonné, et sortit, pour ne plus y revenir, de la Banque de l'Algérie.

Son écœurement se raisonne, mais son départ fut une désertion, car il partit trop tôt, alors qu'il pouvait, en restant quelque temps encore, *réparer bien du mal!*

Et ses successeurs, ses anciens collaborateurs, M. Piquemal entre autres, ne manquent jamais de s'écrier, à tout propos, quand les récriminations sont trop fortes : — Que voulez-vous? *c'est la faute à l'administration de M. Chevallier! l'ancien directeur avait lézardé le mur de la Banque, nous le recrépissons.*

Et se croyant abrités sous cette excuse, ils continuent froidement et impunément, jusqu'à ce jour, l'exécution de leur programme.

V

M. NELSON-CHIÉRICO

Le successeur de M. Chevallier fut vite trouvé, et admirablement choisi.

M. Nelson-Chiérico avait passé la plus grande partie de son existence en France.

Il y avait réussi dans les préfectures.

C'était, paraît-il, un fonctionnnaire remarquable !

Comme, jusqu'à ce moment, il ne s'était jamais occupé de finances, si ce n'est au point de vue des *mandats* qu'il émargeait chaque mois ; il semblait tout désigné au choix du Conseil d'administration de la Banque de l'Algérie, qui évitait avec soin de revêtir de la fonction directoriale un homme du métier, *qui se serait aperçu, dès le premier jour, de ce qu'on attendait de lui.*

Il fallait un financier, on prit un homme politique !

Et comme il n'y avait plus de fautes à commettre, puisque toutes les fautes avaient été commises, on se déchargea sur lui du soin d'endosser les responsabilités.

Le Conseil était toujours habile !

M. Chiérico, faisait-il dire, est né en Algérie ! Il sera sympathique dès son arrivée.

Nous l'avons trouvé dans une préfecture ! Le public acceptera que nous devons son élévation au choix intelligent et réfléchi du gouvernement.

Il n'entend rien aux affaires ! C'est ce qu'il nous faut, et, pensaient-ils, pendant qu'il fera son éducation, nous aurons eu le temps de lui faire prendre à son compte toutes les conséquences de nos actes.

M. Chiérico, qui a de son mérite une opinion des plus avantageuses, mordit à pleine bouche à l'hameçon ; il se sentit tout de suite à la hauteur des circonstances. L'homme, eût-il été préfet, n'est pas toujours parfait ! et la satisfaction de trôner à la première place du premier établissement de crédit de l'Algérie, tint immédiatement lieu dans son esprit, des connaissances suffisantes.

Il n'est cependant pas de profession qui n'exige un apprentissage.

M. Chiérico a cru devoir se dispenser d'apprendre quelque chose de son nouveau métier, attendu, pensait-il modestement, qu'il lui avait suffi de s'installer dans son fauteuil directorial pour posséder, innée, la science infuse du parfait banquier.

A l'heure actuelle il en sait quelque chose, tout au moins la façon preste et légère dont on dirige les expropriations !

L'Algérie a son *Livre d'Or*, c'est une publication dans laquelle l'auteur a intercalé, avec l'histoire des hommes qui ont laissé un nom dans l'armée, les sciences et les lettres, les biographies de quelques contemporains.

On comprend qu'avec l'exquise modestie qui est, certes, une de ses plus rares qualités, M. Chiérico, qui en présence de *son œuvre* s'élève tous les matins, dans sa pensée, une petite statue, n'ait pas manqué l'occasion de transmettre à la postérité la mémoire de ses actions d'éclat.

En vain le *Livre d'Or* nous remémorerait-il les noms des Bourmont, des Duperré, des Bugeaud, des Chanzy, des Faidherbe et des Fromentin, si celui de

NELSON-CHIÉRICO

ne servait de couronnement à l'édifice.

« Rien ne manque à sa gloire : il manquait à la nôtre. »

Voici le morceau :

LE LIVRE D'OR DE L'ALGÉRIE

Histoire politique, militaire, administrative, Événements et Faits principaux
Biographie des hommes ayant marqué dans l'Armée les Sciences, les Lettres, etc.
de 1830 à 1889

PAR

NARCISSE FAUCON

Etc.

1889

CHALLAMEL ET Cie, ÉDITEURS

PARIS

Page 417 :

NELSON

M. Nelson-Chiérico (Félix), ancien préfet, directeur de la Banque de l'Algérie, est né à Alger le 10 juillet 1847.

Très bon élève du lycée de cette ville, il fit ses études supérieures en France, et obtint le grade de docteur en droit de la Faculté de Paris.

Il plaida quelque temps à Paris et à Alger, puis fut successivement secrétaire général de la Lozère, de la Côte-d'Or et de la Seine-Inférieure, préfet de la Nièvre et de Maine-et-Loire.

Le 15 septembre 1886, M. Nelson fut nommé directeur de la Banque de l'Algérie, situation difficile dans laquelle il a su cependant mériter et conquérir l'estime de tous. Mais, disons-le, M. Nelson est un des hommes les plus distingués et les plus sympathiques que nous connaissions. *Doué d'une intelligence d'élite, et simple, modeste, bienveillant, affable,* tout en demeurant *énergique*, il est un des enfants de l'Algérie qui lui font le plus d'honneur et un de ceux sur le concours desquels elle peut compter en toute occasion.

Il est chevalier de la Légion d'honneur.

Ouf!

L'auteur nous rend le service d'ajouter :

NOTES PERSONNELLES

On n'est jamais trahi que par les siens!

Il fallait bien que quelqu'un se chargeât de la note comique; conformément au titre du livre, elle vaut son « pesant d'or. »

Cette petite réclame permet au lecteur de mesurer, sans effort, le niveau moral du sujet (peint par lui-même).

Nous nous ferions scrupule d'y rien ajouter.

VI

LA DÉBACLE

Malgré toutes ces merveilleuses qualités, M. Chiérico emploie toute sa *simplicité*, toute sa *modestie*, toute son *affabilité*, surtout toute son ÉNERGIE! à se faire l'exécuteur des hautes œuvres de son Conseil d'administration, *qui ayant réalisé*, exige à présent le remboursement immédiat des prêts consentis au bon temps; et aujourd'hui, les pauvres Algériens, auxquels M. Chiérico fait *tant d'honneur!* sont revenus de leur voyage au Mississipi.

« LA BANQUE DE L'ALGÉRIE N'ACCORDE PLUS NI TERMES, NI DÉLAIS, IL LUI FAUT DE L'ARGENT A TOUT PRIX, ET COMME L'ARGENT EST DANS LA TERRE, ELLE S'EMPARE SANS SCRUPULE DE LA TERRE, ORGANISANT AINSI, PAR LES MOYENS RÉVÉLÉS, L'EXPROPRIATION RAISONNÉE DU TERRITOIRE ALGÉRIEN A SON PROFIT. »

En 1886, les villages de Lannoy, d'Aïn-Cherchat et de la Robertsau, situés dans le canton de Jemmapes, arrondissement de Philippeville, avaient 1,138 habitants. Ils n'en ont plus que 540, dernier recensement de 1891.

Les concessions qui formaient ces villages appartiennent maintenant à la Banque de l'Algérie !

Cette proportion est la même dans le reste de l'arrondissement de Philippeville et dans celui de Bône.

Les caisses de la Banque, qui s'ouvraient si grandes autrefois, se sont brusquement fermées.

Les bureaux de liquidations ont remplacé les bureaux d'escomptes, et le personnel de la Banque est aujourd'hui aux trois quarts au moins composé d'agents agricoles, techniques, disent-ils, et tout se liquide autour d'elle.

Les agents de la Banque ne sont plus que des fermiers qui vendent au marché, — quand les préposés commis à la salubrité des denrées, ou les vétérinaires délégués, ne leur font pas faire demi-tour ; — les bois et les charbons, les vins et les blés, les œufs et les poules, les bœufs et les moutons, élevés dans les propriétés de cette marquise de Carabas qui s'appelle la Banque de l'Algérie; et c'est dans ces exploitations agricoles que se trouve engloutie la majeure partie du *privilège* accordé par l'État à cet établissement de discrédit.

La Banque de l'Algérie n'a pas d'entrailles.

Cette IMPERSONNALITÉ, cette ASSOCIATION ANONYME, a mis dans son programme de faire payer à la propriété les ***vingt-six millions*** que ses actionnaires se sont partagés.

Elle est arrivée, dans moins de trois ans, à la presque réalisation de ces nouveaux projets!

Il est vrai que M. Chiérico est admirablement secondé par son personnel ; quand il dit *tue*, les autres *assomment*, et la spoliation générale de la propriété algérienne, au profit de la Banque de l'Algérie, est organisée par quelqu'un qui s'y connaît!

Mais, tous les projets, aussi favorisés qu'ils soient par les circonstances, ne se réalisent pas toujours; un préfet peut s'être distingué dans l'expulsion des congrégations; mais ce n'est pas une raison, s'il y a gagné la croix d'honneur, pour qu'il soit aussi capable de mener à bien l'administration d'arrondissements entiers (*et on sait qu'en Algérie les arrondisscments ont toujours plus que l'étendue des départements en France*) formant le domaine de la Banque.

Ces *latifundia* ne donnent pas toujours les résultats désirés, et le mildew, l'anthracnose, le philloxéra, ces destructeurs des vignes; la clavelée et la peste bovine, ces ennemis des troupeaux; les sauterelles et les criquets, ces dévorants auxquels aucune végétation n'échappe, n'ont pas plus de considération pour les propriétés de la Banque que la Banque n'a de respect pour la propriété d'autrui.

A ces agents de destruction, il vient s'en ajouter

d'autres, tout aussi redoutables; ce sont les propres agents de la Banque de l'Algérie.

Ces messieurs forment une catégorie toute spéciale, fort intéressante, au point de vue de l'expérience à acquérir en les suivant de près; ensuite d'un examen attentif, il demeure évident qu'on se gardera bien, le cas échéant, de marcher sur leurs traces.

Les anciens propriétaires dépossédés vivaient sur leurs terres, eux et toute leur famille, apportaient tout leur temps, toute leur intelligence, à la surveillance et aux travaux à donner à leurs biens; malgré tous ces soins, ils n'ont pas réussi, la Banque y aidant il est vrai !

L'employé de la Banque est bien moins encore en situation de réussir; il a généralement plusieurs propriétés à surveiller, il y passe en courant; la plupart du temps, il ne descend même pas de son breack, ou de sa charrette anglaise, *dépouilles opimes des colons spoliés*; il donne un ordre au gérant, qui le répète au sous-gérant, qui le notifie au contre-maître, qui appelle le chef ouvrier, qui le fait exécuter par les manœuvres.

Tous ces surveillants se paient, peut-être pas bien cher, mais comme ils sont nombreux, la somme est élevée; le travail se fait mal, sans intelligence, et parce qu'on l'a ainsi indiqué; la récolte s'en ressent, et l'année dernière la Banque n'a pas récolté de vin. Et cependant, elle possède, dans l'arrondissement de Philippeville seulement, plusieurs milliers d'hectares de vignes en plein rapport, provenant de **colons français**, *dépossédés par elle.*

L'année dernière, le mildew atteignait les vignobles; un des agents de la Banque procédait à l'opération du sulfatage, unique remède connu jusqu'à présent contre cette maladie, quand le rond-de-cuir, qui de son cabinet de la succursale dirige cette immense exploitation — il s'appelle Rouget — apprit qu'on se livrait, sans ses ordres, à l'opération salutaire indiquée; il prescrivit, sous peine d'expulsion, de cesser l'application de ce traitement préservatif; la Banque, disait-il, *ayant autre chose à faire qu'à se livrer à des expériences !*

Il arriva que la maladie non combattue à temps envahit toutes les vignes, et la Banque perdit toute sa récolte !

Ce qu'il y a de plus malheureux, c'est que les voisins de la Banque, — il en reste encore quelques-uns, qui s'éclaircissent tous les jours, — ces voisins, voyant que cette dernière ne traitait pas ses vignes, se dirent que puisqu'un établissement de cette importance, auquel l'argent, tout au moins les billets de Banque, ne manquaient pas pour se procurer les sulfates nécessaires, négligeait volontairement ce traitement, c'est que le sulfatage était inutile; ils suivirent l'exemple qui leur venait de haut, et leurs tonneaux restèrent vides.

Ici se place une anecdote :

Le mildew avait détruit la récolte de la Banque; le susdit rond-de-cuir apprit que quelques propriétaires intelligents, entre autres M. le comte Landon de Longeville, avaient sauvé leurs vendanges en employant les sulfates; revenant immédiatement sur sa première détermination, il donna l'ordre de *sulfater*, *sulfater*, *sulfater*. Ce qui fut fait.

J'ai vu, au Djendel, une vigne de la Banque qui a été sulfatée quatre fois ; si elle n'a pas donné de raisins, c'est que les grappes avaient déjà été détruites avant l'application du premier traitement !

Toutes ces belles opérations font que la Banque de l'Algérie s'acharne après le renouvellement de son privilège, comme un homme qui se noie se cramponne à la planche qu'on lui jette.

C'est qu'elle sait qu'elle est infailliblement destinée à disparaître du jour où ses manœuvres auront été démasquées, et du moment où son privilège aura été dénoncé.

Comme elle est en déficit d'une somme supérieure au triple de son capital social, elle se sait sous le coup d'une banqueroute scandaleuse, qu'elle s'efforce de retarder par tous les moyens.

En ce moment, sentant l'antipathie qui l'enserre grandir chaque jour autour d'elle, elle demande son salut aux corps élus de la colonie, elle *obtient* des vœux en faveur du maintien de son privilège, aussi bien des Conseils généraux que d'une partie des Chambres de commerce des trois départements algériens.

A première vue, l'expression de ces vœux paraît-être sincère, mais si on examine d'un peu plus près la composition de ces corps élus, on voit :

Que les Conseils généraux sont en majorité composés des avocats ou des hommes d'affaires de la Banque, d'une part ; de ses plus forts débiteurs, d'autre part ;

Que les Chambres de commerce sont presque exclusivement composées de commerçants, qui ne survivraient pas vingt-quatre heures à une demande de remboursement de fiche.

Et il ne faut pas, parce qu'une infime minorité a intérêt à la continuation d'un état de choses qui fait ses affaires, que la population entière de l'Algérie continue à en payer les conséquences.

Cependant, la Chambre de commerce de Bône est venue jeter une note discordante dans le concert où les Chambres de commerce d'Alger, d'Oran et de Constantine faisaient si bien leur partie, au commandement de la Banque.

Voici le texte du vœu qu'elle a émis au mois de mars dernier :

BANQUE DE L'ALGÉRIE

Vœu de la Chambre de commerce de Bône

Considérant que la Banque de l'Algérie est actuellement l'objet d'attaques de la part de la *presse algérienne presque entière ;*

Considérant qu'elle sollicite des Chambres le renouvellement du privilège qui lui a été concédé par la loi de 1881 ;

Considérant que ce privilège ne vient à expiration qu'en 1897, c'est-à-dire dans six ans ;

Considérant que la Chambre de commerce de Bône a pour devoir de rechercher ce qu'il peut y avoir de vrai ou de faux dans les imputations graves dont la Banque est l'objet ;

Considérant que rien ne justifie la nécessité, quant à présent, d'accorder le renouvellement sollicité ;

Considérant que le remplacement de la Banque de l'Algérie par la Banque de France, demande un examen sérieux et approfondi de la question ;

Considérant enfin que cet examen ne pourrait avoir d'effet qu'autant que le privilège actuellement demandé serait déclaré prématuré ;

Emet le vœu que les députés et sénateurs de l'Algérie interviennent auprès des Chambres pour obtenir que la demande de privilège sollicitée par la Banque de l'Algérie ne soit pas prise en considération, quant à present, et qu'il soit permis aux Chambres de commerce des trois départements d'étudier, dans l'intérêt du commerce algérien, quelle serait la meilleure combinaison entre le *statu quo* ou le remplacement de la Banque de l'Algérie par la Banque de France.

La Chambre de commerce se basant sur les considé-

rants qui précèdent, a émis simplement le vœu que la discussion du privilège de la Banque de l'Algérie soit ajournée.

La Banque a bien essayé de faire manifester aussi les Conseils municipaux, mais comme cette manifestation du suffrage universel restreint menaçait de lui coûter cher, et qu'elle a, pense-t-elle, suffisamment des fiches des conseillers généraux, et de celles des membres des Chambres de commerce agréables, elle a renoncé, après réflexion, à ce mode populaire de recommandation.

Dans la quantité considérable des vœux exprimés par la Chambre de commerce d'Alger, dans sa délibération du 27 avril 1891, à propos du renouvellement du privilège de la Banque de l'Algérie, vœux que l'on a de la peine à supposer désintéressés, attendu que le président de cette même Chambre de commerce cumule ses fonctions consulaires avec celles, peut-être plus lucratives, de « censeur » de la Banque de l'Algérie ; on lit, à la page 5, parmi les modifications aux Statuts, proposées par ces messieurs de la Chambre de commerce d'Alger, la proposition suivante :

Le nombre des employés supérieurs est augmenté. Il se composera de un directeur général et de deux sous-directeurs.

Cette proposition, qui, de même que l'humble violette qui se dérobe sous les feuilles, semble se cacher sous les lieux-communs des projets qui la précèdent et de ceux qui la suivent, montre suffisamment aux yeux clairvoyants, qu'elle est l'unique but poursuivi, *caché*, sous toutes ces circonlocutions.

Ce n'était vraiment pas la peine de déranger tant de monde pour accoucher de ce vœu ! Le système est semblable aux habits des emprunteurs de la Banque de l'Algérie, il est usé jusqu'à la corde et chacun voit au travers.

Le secrétaire général de la Banque a fait un rêve ; il s'est vu directeur général. Ce rêve est devenu une idée fixe, il en est hanté sans cesse ; c'est chez lui une véritable obsession, il n'en dort plus, il en perd l'appétit, il en maigrit.

Il compte sur cette haute récompense de *certains services* autrefois rendus et déjà signalés.

Le dernier échelon qui lui reste à franchir est le poste de sous-directeur.

Mais, il y a un obstacle, le sous-directeur actuel ne veut pas s'en aller, et cette obstination du titulaire à conserver sa situation retarde l'accomplissement des projets de ce bon M. Piquemal ; aussi ce cher candidat n'a-t-il rien trouvé de mieux que de faire demander par la Chambre de commerce d'Alger, qui n'a probablement rien à lui refuser, l'augmentation des employés supérieurs et par suite, la création d'un second emploi de sous-directeur.

On cherche l'avantage qui pourra résulter, pour les actionnaires de la Banque de l'Algérie, son personnel et le public, de ce partage de la sous-direction.

Les anciens consuls de Rome avaient chacun leur jour de commandement aux armées ; il n'était pas rare que l'un défît le lendemain ce que l'autre avait fait la veille; on raconte qu'un certain Varron perdit une bataille, celle de Cannes, je crois, pour avoir ordonné le contraire de ce que son collègue Paul-Emile avait commandé le jour précédent.

Sans vouloir prêter aux sous-directeurs de la Banque de l'Algérie une importance qu'ils n'ont pas, on ne peut cependant s'empêcher de reconnaître tout le ridicule de cette conception, sortie du cerveau d'un homme qui suit son idée fixe, sans se rendre compte de ses conséquences.

Comme les généraux romains, chacun des sous-directeurs aura-t-il son jour de sous-direction? ou bien partageront-ils à deux la besogne qu'un seul était accoutumé à faire auparavant ?

On n'augure rien de bien avantageux de ce dualisme, qui ne pourrait s'expliquer qu'à la condition que les appointements de l'emploi soient partagés, en même temps que le seraient les fonctions, entre les deux sous-directeurs.

Si, avec l'avancement de fonctions qui serait ainsi dévolu à M. Piquemal, le poste de secrétaire général était supprimé, ce qui lui sera bien indifférent, quand il ne l'occupera plus! les actionnaires de la Banque, ou plutôt le *Compte prochain de liquidation*, pourraient en bénéficier de l'économie de quelques frais généraux, mais cette économie leur reviendrait encore fort cher, car il est à supposer que les deux sous-directeurs useront leur temps et leurs moyens à arriver « premier » à la succession, bientôt ouverte, de M. Chiérico.

Et on peut voir d'ici les jolies petites révolutions de palais qui seront la conséquence du heurt perpétuel de deux tempéraments qui n'ont jamais fait échange de sympathies.

Que, pour un motif quelconque, M. Legendre vienne à disparaître (1), il ne faudrait pas être prophète pour annoncer que cette proposition qui sent son Piquemal de si loin, disparaîtrait rapidement de la litanie des vœux émis par la Chambre de commerce d'Alger.

Mais c'est affaire de boutique, et après tout qu'ils se débrouillent!

1. M. Legendre est décédé, M. Piquemal est seul sous-directeur et le poste de secrétaire général n'existe plus.

IV

LA SUCCURSALE DE PHILIPPEVILLE

Le nouveau programme de la nouvelle direction de la Banque de l'Algérie consistait donc à faire rentrer les sommes qui avaient été si largement distribuées, lors de l'extension « forcée » des affaires de cet établissement, dans le but d'enrichir ses actionnaires.

La contrée de Philippeville était celle de toute l'Algérie où les plus grandes améliorations avaient été opérées.

La vigne y avait été plantée avec une profusion sans égale dans la colonie ; les montagnes de Stora, les ravins du Beni-Meleck et de l'Oued-Louach ; les vallées de Saint-Antoine et de Damrémont ; les contreforts du camp d'El-Diss et les collines de Saint-Charles, de Gastonville, de Robertville et de Jemmapes, s'étaient comme par enchantement couverts de pampres verdoyants, qui alternaient avec les vergers et les bosquets d'orangers et de citronniers.

3.

C'est dans cette contrée favorisée, c'est dans cette région où le travail de l'homme avait produit d'aussi beaux résultats, que la Banque devait commencer ses spoliations. (1)

Elle se serait bien gardée de consommer ses exécutions dans la banlieue d'Alger, où ses principaux actionnaires et les membres de son Conseil d'administration ont les plus belles terres et font leurs plus importants placements !

La banlieue de Philippeville devait payer la rançon des conséquences du *coup de Bourse*, et contribuer, pour la plus grande part, à l'essai de remboursement des quarante-trois millions que la Banque devait au Trésor public, et qu'elle était dans l'impossibilité de lui restituer.

Mais, pour commettre toutes ces exécutions, pour conduire toutes ces spoliations ordonnées, pour ruiner toute une malheureuse contrée qui

(1) Il est bon de mettre le lecteur en garde, contre une manœuvre de la Banque.

M. Chiérico, dans le but d'attênuer ses fautes et de justifier, dans une certaine mesure, des brigandages commis par son Etablissement, insinue, fort adroitement, que c'est à la Banque, que l'Algérie est redevable de son admirable vignoble.

Cette assertion est innexacte : la Banque de l'Algérie se prévaut à tort, et se targue de services qu'elle n'a jamais rendus.

Le vignoble Algérien date de seize ans, au moins, il était dans la période du plein rapport et des larges revenus quand la Banque a convoité ces merveilles de culture, de patience et de labeur et s'en est indûment emparée.

n'avait eu qu'un tort, celui de croire aux promesses des agents de la Banque, il fallait un homme fait exprès, un exécuteur.

M. Chiérico avait cherché autour de lui et il n'avait pas trouvé, dans le personnel de la Banque d'alors (aujourd'hui il trouverait!), d'agent suffisamment dépourvu de cœur et de conscience pour réaliser son désir.

Il lui fallait un de ces hommes, comme il s'en rencontre quelquefois, hélas ! *bons à tout faire*, pourvu qu'on les paie.

Durant le voyage aux succursales qui suivit son avènement, M. Chiérico découvrit à Bône l'exécuteur qu'il cherchait et l'appela à la direction, il serait mieux de dire aux exécutions de la succursale de Philippeville.

Ce directeur idéal de M. Chiérico s'appelle M. Victor Rouget.

Il était, il y a cinq ans, employé dans une société particulière ; cette société s'estima bien heureuse le jour où elle en fut débarrassée par la Banque de l'Algérie, car cet agent, qui pontifiait dans un comptoir de Banque, était arrivé, au bout de deux ou trois ans, à compromettre gravement ses intérêts, en déséquilibrant complètement le crédit sur la place de Bône, qui n'est pas encore remise de son passage.

Il s'était montré d'une dureté incroyable, d'une sécheresse de cœur jusqu'alors inconnue. « Voilà l'homme qu'il faut à la Banque pour Philippeville, pensa M. Chiérico; il semble prédestiné à l'entière exécution du plan de la Banque; ne laissons pas échapper l'occasion de nous en servir ! »

Le contrat fut vite passé entre le directeur général et son nouveau subordonné ; ils se mirent immédiatement et ensemble au travail ; et il ne leur a pas fallu longtemps à eux deux pour amener l'arrondissement où rayonne la succursale de Philippeville à cet état dans lequel il se trouve aujourd'hui, et que je ne pourrais qualifier que par des mots que je n'ai pas l'habitude d'employer.

Quand je pense que trois ans après l'exécution générale était faite!

M. Chiérico est l'homme qui ordonne, parce que son Conseil d'administration l'a dit; M. Rouget est l'homme qui exécute, non seulement parce que M. Chiérico le lui a ordonné, mais parce qu'il lui plaît de procéder à des exécutions, qu'il en est heureux, qu'il en jouit.

M. Rouget s'est montré dans ses exécutions l'être le plus implacable qu'on eût osé rêver.

Maints exemples ont démontré que, depuis qu'il est à la succursale de la Banque de Philippeville, les affaires ne sont faites à cette succursale que selon le caprice du jour du susdit directeur, qui ne tient compte ni de la solvabilité, ni de la moralité, mais qui se laisse guider uniquement par son propre caractère, qui n'obéit qu'à la passion du moment, ou à celle de l'intérêt qui l'obsède.

Qu'on ne croie pas que j'essaie, au moyen de ce livre, de satisfaire des sentiments de rancune personnelle. Je n'en ai pas, pas plus à l'encontre de M. Rouget qu'à l'encontre des autres agents de la Banque de l'Algérie, que j'ai été forcé de montrer au lecteur.

Je fais seulement ce que je pense être mon devoir, en publiant *une très faible partie* de ce que je pourrais dire.

Tant pis! si certains amours-propres se trouvent froissés, j'en accepte toutes les conséquences. Ils sont bien moins intéressants que ces centaines de familles, *françaises pour la plupart*, qui ont eu foi dans les promesses fallacieuses des agents de la Banque, et qui sont aujourd'hui absolument dépouillées, dépossédées, ruinées et sans ressources.

Ce sont ces victimes qui sont intéressantes, c'est à ces braves gens que doit aller la sympathie. C'est sur ces malheureux qu'on doit s'apitoyer.

A ceux qui seraient encore tentés de supposer à M. Rouget un reste de sens moral, je vais citer un fait, choisi entre mille :

Un nommé R... possédait au camp d'El-Diss, à sept kilomètres de Philippeville, une superbe propriété, vignes, champs, orangeries, prairies, de laquelle il avait refusé, il y a trois ans, la somme de *quatre cent mille francs*.

Il devait sur billets à un capitaliste de Constantine, M. Ch. N., une somme de 37.000 francs environ. M. N., séduit par la solvabilité apparente de son débiteur, n'avait jamais pensé à lui demander une garantie hypothécaire, et il se contentait des renouvellements que R. lui servait aux échéances trimestrielles.

R. avait en outre emprunté à la Banque de l'Algérie, *sur ouverture de crédit hypothécaire*, une somme de 206.000 francs.

Un jour, le directeur Rouget lui demanda à brûle-pourpoint le remboursement de sa dette à la Banque, et le menaça de poursuites, s'il ne s'exécutait à bref délai.

R., qui savait par l'expérience de ses voisins ce que signifiait le mot « poursuites » dans la bouche d'un agent de la Banque, pressentit bien ce qui allait advenir.

Il en avisa aussitôt M. N... Ce dernier se rendit à Philippeville où il se procura un entretien avec le directeur de la succursale, à la suite duquel il demeura arrêté entre débiteur et créanciers que la Banque allait cesser immédiatement les *poursuites*, mais il demeura convenu d'un commun accord qu'on allait faire nommer un séquestre qui serait chargé de répartir à chacun des créanciers, au prorata de sa créance, les revenus des récoltes ; qui aurait en outre pour mission d'établir exactement la position du débiteur et de la déblayer, au moyen d'une vente faite à propos, des produits de la propriété.

Les créanciers prenaient entre eux l'engagement de ne rien brusquer, afin de permettre au séquestre de tirer bon parti de cette magnifique exploitation rurale.

Ainsi, l'affaire prenait une tournure tout à fait rassurante. M. Rouget, d'ailleurs, affectait dans cet entretien une courtoisie bien propre à augmenter la confiance de son interlocuteur, et l'on sait qu'il n'est pas prodigue de belles manières à l'égard de ceux qu'il trompe.

M. N... repartit donc pour Constantine, confiant dans la bonne issue des opérations du séquestre, qui empêcherait, pensait-il, le débiteur de dilapider son bien.

Il ne connaissait pas encore la Banque de l'Algérie, *nouvelle manière*; il devait payer cher ses illusions!

Donc, il dormait tranquille, attendant que le mandataire des créanciers lui répartit sa part du produit de la vente de la récolte des céréales, des orangeries ou des vignes, lorsqu'un jour il s'entendit appeler dans une rue de Constantine par M. Rouget, qui l'aborda en lui disant avec cet air suffisant et joyeux qui révèle au dehors le bonheur qu'il éprouve lorsqu'il annonce, ce qui lui arrive souvent, hélas! une mauvaise nouvelle à quelqu'un (cet homme jouit du malheur qu'il occasionne aux autres, et sa jouissance est en raison directe de la gravité du mal dont il est cause) : « Eh bien! malin que vous êtes, je vous ai roulé, j'ai évincé R... et je l'ai mis à la porte! »

« Comment? » reprit M. N... qui ne comprenait pas. Et M. Rouget de répondre : « Eh oui! Je lui ai donné 20,000 francs, et j'ai tout pris. »

« Et moi alors? » interrogea M. N... qui finissait par voir clair dans cette petite infamie. — « Vous! ah elle est bonne!

Et M. Rouget, éclatant de rire, s'en fût *rapidement* avec toute la grâce qu'on lui connaît, et qui donne envie de fredonner la chanson connue :

Quand trois cannes vont aux champs.

M. N... télégraphia aussitôt à R... qui lui répondit (Il parlait de M. Rouget) :

« Je lui ai vendu la propriété par force, il m'a
« empêché de réfléchir, il m'a fait comme celui qui
« prend la bourse ou la vie : il m'a pris la bourse
« et la vie. »

A la nouvelle de ce guet-apens, M. N..., qui ne pouvait croire encore à la réalité d'un pareil fait qui renversait subitement toutes ses idées sur la logique des affaires, surtout quand l'auteur en est *une Banque aussi privilégiée et dont les improbités engagent la responsabilité de l'État*, écrivit à M. Chiérico la lettre suivante :

Constantine, le 22 octobre 1889.

Monsieur le Directeur de la Banque
de l'Algérie,
Alger.

Je suis créancier de M. R... de Pilippeville de la somme de 37,000 francs Votre succursale de Philippeville n'ignorait pas cette créance puisqu'un jour mon débiteur précité m'avait fait venir à Philippeville sous le prétexte que la Banque voulait me désintéresser, ainsi que ses autres créanciers.

Je trouvai à la Banque M. le directeur de la succursale et un de vos inspecteurs. Après une longue entrevue je me retirai, en promettant à ces messieurs d'attendre pour la rentree de ma créance, si la Banque de son côté ménageait mon débiteur.

Depuis, la Banque a fait nommer un séquestre, ce qui m'a tranquillisé, pensant que la Banque avait fait le nécessaire pour que M. R... ne puisse disposer ni de la récolte ni des loyers des fermes. Je restai tranquille et ne fis aucune poursuite, puisqu'il y avait un séquestre, M. C..., que la Banque avait fait charger de faire la récolte et de répartir à chacun des créanciers ce qui lui revenait.

A mon plus grand étonnement, j'ai vu dernièrement M. Rouget à Constantine ; je lui ai demandé des renseignements sur les affaires de R.. ; il m'a répondu :

« Je l'ai évincé, *je lui ai donné vingt mille francs et je l'ai mis à la porte!* »

Ne pouvant croire à cette affirmation, car elle

m'étonnait au possible, j'envoyai une dépêche à M. R... pour lui demander si c'était vrai et voici la copie de sa réponse à mon télégramme :

Je lui ai vendu la propriété par force; il m'a empêché de réfléchir ; il m'a fait comme celui qui prend la bourse ou la vie : il m'a pris la bourse et la vie.

(*Signé*) : R...

Aujourd'hui, je viens vous demander, Monsieur le directeur, de me payer des sommes qui me sont dues par M. R..., attendu que la Banque s'est emparée de tous ses biens, sans prendre souci de ses autres créanciers; qu'elle ne les ignorait pas et que, quant à moi, elle savait bien que si je ne poursuivais pas, c'est que je me fiais au séquestre qu'elle avait fait nommer, que je comptais, vu son intervention, que mes intérêts étaient sauvegardés.

J'espère, Monsieur le directeur, que vous me ferez payer de ma créance, car vous vous êtes emparé de mon gage. En me désintéressant, vous m'éviterez de porter ma cause devant les tribunaux.

En attendant votre réponse, pour savoir à quoi m'en tenir sur vos intentions, je vous présente, etc., etc.

(*Signé*) : Ch. N...

M. Chiérico, qui ne se dérange pas pour si peu, ne répondit pas, bien entendu (c'est comme on le verra plus loin, sa coutume), à cette lettre dans laquelle M. N... réclamait justice au directeur général de la Banque de faits dont il était responsable.

M. N..., les délais moraux pour recevoir la réponse à laquelle il avait droit une fois expirés, lui écrivit une seconde lettre par l'intermédiaire de l'un de nos députés, qui voulut bien transmettre la communication.

M. Chiérico, *souple et plat envers ceux qui occupent une situation politique*, ne pouvant continuer à répondre par le silence, se décida enfin à écrire la lettre suivante :

BANQUE DE L'ALGÈRIE
—
Cabinet du Directeur
—

Paris, le 9 novembre 1891.
Hôtel Marsollier.

A Monsieur Ch. N..., à Constantine.

Monsieur,

Je reçois votre lettre à Paris, je n'ai pas répondu à la première, car elle m'entretenait de faits relevant de la succursale Philippeville (sic).

J'attendais le rapport de mon directeur.

Toutefois, si mes souvenirs me servent bien, je n'ai pas sous les yeux votre lettre que j'ai transmise à Philippeville, vous m'annonciez votre intention de poursuivre M. R... au cas où la Banque ne vous désintéresserait pas. Vous avez été sans nul doute inexactement renseigné, nous n'avons pas pris le lieu et place de M. R... Créanciers hypothécaires de ce dernier, nous nous sommes rendus *adjudicatères* (sic) de ses biens pour un prix égal au montant de notre créance. Notre situation est nette et suis convaincu (sic) que vous voudrez bien le reconnaître.

Veuillez agréer, Monsieur, l'assurance de ma considération distinguée.

(*Signé*) : F. Nelson.

Or, cette lettre de M. Chiérico dit le contraire absolu de la vérité.

Il est inexact que M. N... lui ait écrit qu'il lui annonçait son intention de poursuivre M. R..., sa lettre est là reproduite en entier; c'est la Banque de l'Algérie que M. N... poursuivra en même temps que M. R..., quand le premier procès qu'elle lui a fait susciter, et qui est l'alpha de celui-ci, sera terminé.

Il est faux de dire que la Banque de l'Algérie ait acquis, après adjudication, les propriétés de M. R...

La Banque ne s'est pas rendue adjudicataire des biens de M. R...

Une adjudication nécessite une vente publique ; l'adjudication est une discussion publique de la valeur d'un objet qui demeure à l'une des parties qui discutent cette valeur; une adjudication est le fait de déclarer en jugement qu'une chose contestée entre parties appartient de droit à l'une d'elles ; ou plus spécialement, au cas qui nous occupe, qu'une personne devient propriétaire de biens mis à l'enchère.

Voici l'extrait de cette *vente*, et non pas de cette *adjudication*. M. Chiérico a perdu là une excellente occasion de garder un silence prudent, qui n'aurait rien changé du reste à la brutalité des aits.

CONSERVATION DES HYPOTHÈQUES

BUREAU DE PHILIPPEVILLE

Extrait du registre de transcription d'actes de mutation du bureau de Philippeville.

Vol. 243, nº 27.

Du 20 septembre 1889, transcrit vente passée devant Mᵉ Mahyeux, notaire à Philippeville, le 13 septembre 1889, consentie par Joseph P.... R...., propriétaire, et Marie F.... son épouse, demeurant à El-Diss, commune de Philippeville, à la Banque de l'Algérie, Société anonyme au capital de 20.000.000 de francs, dont le siège est à Alger, boulevard de la République, des immeubles ci-aprés désignés :

1º *Propriété d'El-Diss.* — Une propriété rurale sise aux lieux dits El Diss et Oued Louach, dont partie sur la commune de Philippeville et partie sur la commune de Saint-Charles, d'une contenance approximative de 270 hectares 28 ares 20 centiares, dont 60 hectares environ sont complantés en vignes et le surplus en terres labourables et broussailles, nºˢ 86 *bis*, 85, 90, 91, 93. 103, 102 *bis* et 102 du plan, 97, 60, 46 et 46 *bis* du même plan. Ensemble les vastes bâtiments d'habitation et d'exploitation qui y sont édifiés et comprenant logements de maître et de fermes, cours, caves, cuves en maçonnerie, écuries, hangars, puits, aisances et dépendances;

2º *Propriété de la Pépinière.* — Une propriété de

produit et d'agrément, située extra-muros de Philippeville, près le pont du Zéramna, au lieu dit l'*Ancienne Pépinière du Gouvernement*, d'environ 4 hectares, avec 3 grandes norias, une maison d'habitation, hangar, écurie, cuves en maçonnerie, puits, aisances et dépendances, complantée d'orangers, arbres fruitiers et vignes en plein rapport, n° 70 du lotissement, n°s 73, 74, 57, 45, 46, 47, 48 et 5 du même plan, 44, 52, 53, 54, 54 *bis*, 55, 56, 58, 59, 60, 61, 50, 69, 24, 49, 40, 75 dudit plan;

3° *Vigne à la Pépinière*. — Une propriété entièrement complantée en vignes dépendant de l'ancienne pépinière du gouvernement, n° 78 du cadastre, contenant 1 hectare 62 ares 81 centiares;

4° *Propriété à Saint-Charles*. — Une propriété rurale sise sur le territoire de la commune de Saint-Charles, section B, du lac d'El-Magen, vallée du Saf-Saf, d'une contenance d'environ 112 hectares, 47 ares, 52 centiares, n°s 172 et 173 et partie des n°s 174 et 175 du lotissement, avec maison de ferme, écurie, hangars et dépendances.

5° *Immeubles par destination*. — Les immeubles par destination existant sur les immeubles vendus tels qu'ils sont décrits en un état dressé par les parties, le tout sans aucune exception ni réserve.

Moyennant un prix principal de *deux cent vingt-six mille francs*, compensé par les parties avec pareille somme due à la Banque de l'Algérie par les vendeurs, aux termes d'un acte reçu Robe, notaire, Philippeville, le 22 août 1883, et d'un autre acte reçu Mahyeux, le 16 mars 1887.

Philippeville, le 17 septembre 1891.

Or, on a fait venir R. à la succursale de la Banque, où on l'a effrayé; on l'a mené chez le notaire de la Banque, où on lui a montré vingt billets de mille francs, en échange desquels il a cédé volontairement tous ses biens à la Banque, qui, pour obtenir son consentement, lui faisait accroire qu'elle lui constituait par cet acte une rente annuelle de 6.000 francs.

La Banque a acquis légalement (?) pour :

206.000 francs, d'une part, montant de son ouverture de crédit faite à R.

Plus appât remis à l'exécuté, pour entraîner son acquiescement à l'acquisition volontaire,

20.000 francs, d'autre part. Ensemble :

226.000 francs,

une superbe propriété dont la valeur dépasse quatre cent mille francs !

La Banque a donc bénéficié dans l'opération de la somme de 174.000 francs, et l'enregistrement a été..... lésé de ses droits sur cette différence.

Moralité : Les créanciers de R. non payés, puisque R. s'est rendu volontairement, et avec le concours de la Banque, insolvable.

La Banque se faisant quatre cent mille francs de biens au soleil, avec un capital de 226,000 francs, qui ne lui coûte rien si ce n'est le prix du papier.

M. N. perdant sans recours contre R. dépossédé, ses 37.000 francs.

Les autres créanciers, perdant aussi la totalité de

leurs créances, R. ne touchant pas un centime des 6,000 francs de rente qu'on lui avait promis.

Et l'Etat, perdant aussi ses droits sur 174,000 francs !!

Ab uno disce omnes.

Mais que M. R., que M. N. et les autres créanciers se rassurent, tout n'est pas perdu. Cette vente est nulle et la Banque de l'Algérie en est pour quelques centaines de mille francs de dommages-intérêts à payer à R. qu'elle a jeté dehors et réduit illégalement à la plus noire misère.

R. ne sait ni lire ni écrire, il ne parle pas le français, il le comprend encore moins, il trace en guise de signature des caractères qui n'ont rien de commun avec l'écriture.

Il est Maltais d'origine.

Or, la loi exige, pour la rédaction des actes entre Français et étrangers, la coopération d'un interprète, la Banque et le notaire étaient tellement pressés de spolier ce pauvre ignorant de R. qu'ils n'ont pas pensé à cette petite formalité.

Ce qui fait que R. n'est pas dépouillé, que ses créanciers ne seront pas lésés et que la Banque et le notaire lui doivent des dommages-intérêts considérables.

On a bien raison de dire qu'il n'est *malin* si habile qui ne se laisse un jour « pincer. »

Voici la loi invoquée :

ARRÊTÉ MINISTÉRIEL DU 30 DÉCEMBRE 1892

Art. 16. — *Toutes les fois qu'une personne ne parlant pas la langue française sera partie ou témoin dans un acte, le notaire devra être en outre assisté d'un interprète assermenté qui expliquera l'objet de la convention avant toute écriture, expliquera l'acte rédigé et signera comme témoin additionnel.*

La loi ayant été violée, l'acte est nul de plein droit.

R. avait bien raison de répondre à son créancier N. que la Banque lui avait fait *comme celui qui prend la bourse et la vie* Les voleurs de grand chemin sont moins coupables que la Banque, ils risquent leur peau, eux, tandis que la Banque procède au moyen des fictions légales, qui lui ont réussi, du moins jusqu'à présent.

M. Henri Finat, rédacteur en chef du *Colon* de Philippeville, avait signalé dans des articles nombreux et documentés, adressés à M. Chiérico, les actes de son subordonné de Philippeville; il l'avait supplié de vouloir bien ouvrir une enquête sur ces agissements malsains.

Hélas! M. Chiérico a, comme toujours, gardé le silence et l'enquête n'a pas été faite.

M. Finat a bien voulu m'autoriser à reproduire quelques-uns des faits qu'il signalait, lors de sa demande d'enquête, au directeur général de la Banque.

AVANT L'ENQUÊTE

Nous avons, dans notre dernier numéro, instamment supplié le directeur général de la Banque de l'Algérie de venir procéder lui-même à une enquête sur les agissements de son agent à Philippeville, M. Rouget

Nous ne croyons pas que l'honorable M. Nelson-Chiérico refuse de faire droit à notre demande, qui lui est adressée, moins par nous que par toute la population commerciale et agricole de notre région, absolument terrorisée par son subordonné.

Il faut que cette situation, unique peut-être en France et en Algérie, prenne fin. Il faut que le petit commerçant ou le gros négociant puisse en se couchant être sûr du lendemain, et non craindre à chaque instant qu'un caprice fantasque, ou l'assouvissement d'un dépit, d'une rancune ou d'une haine du directeur de notre succursale ne l'oblige ou à exécuter ses plus odieuses volontés ou à suspendre ses paiements, à fermer boutique, à briser à jamais une carrière faite toute de travail et d'honnêteté.

Il ne faut plus que les débiteurs de la Banque, hommes mûrs ou vieillards à cheveux blancs, soient exposés à s'entendre à chaque instant, verbalement ou par lettre, traiter d'escrocs, de canailles ou de filous, obligés qu'ils sont le plus souvent de courber la tête sous ces insultes parce qu'à côté de l'injure il y a la menace d'expropriation ou du retrait de crédit.

Certes, tous ne se laissent pas faire, et il en est qui, dans son cabinet, comme M. G.... dernièrement, et pour ne citer que celui-là, l'ont menacé de le gifler s'il ne changeait de ton (et il en a immédiatement changé). Mais tous les négociants, tous les colons n'ont pas la même indépendance que M. G...., qui répondait à une lettre insolente du directeur, dans laquelle celui-ci le mettait en demeure d'avoir à lui payer une somme qu'il savait pertinemment ne pas lui être due, sous peine de se voir refuser son papier à l'escompte, par une autre lettre lui disant vertement qu'il n'avait cure de ses menaces, qu'avec lui elles ne prenaient pas, et qu'il le traduisait, pour le lui prouver, devant le tribunal, où gain de cause lui fut d'ailleurs donné.

Malheureusement, tous ceux qui sont obligés d'avoir recours au crédit de la Banque ne peuvent toujours résister aux injonctions qui leur sont adressées par le despotique personnage qui dirige cet établissement. Aussi ne compte-t-on plus ceux qu'il a ruinés en forçant leurs créanciers, débiteurs de la Banque, à les exécuter sous peine d'être exécutés eux-mêmes.

— Je n ai pas d'observations à recevoir de vous ; si vous n'obéissez pas, vous me ferez le plaisir de porter votre papier ailleurs! répondait-il dernièrement à un négociant notable de notre ville qu'il voulait obliger à poursuivre un de ses meilleurs clients.

— Mais, objectait ce négociant, en agissant ainsi, je ne fais pas œuvre de bon commerçant, car je ne retirerai presque rien de ma créance, que je suis sûr de toucher intégralement dans quelques mois...

Un : « Je vous répète que je n'ai pas de raisons à vous donner, » fut la conclusion brutale de cet entretien.

C'est ainsi que le mois dernier encore, car nous ne voulons citer ici que les faits les plus récents, un indus ri l, à qui la Banque avait commandé, pour le compte d'un de ses « liquidés, » six mille francs de matériel, fut obligé devant un impudent mensonge du directeur Rouget, d'assigner la Banque en paiement de son dû. Le procès, grâce aux preuves écrites et verbales, était de ceux que l'on considère comme gagnés d'avance. Or, la veille du jour où le jugement allait être rendu, le poursuivant, au grand étonnement de son avocat, retirait l'affaire du rôle. Un bordereau qu'il avait le matin présenté à l'escompte lui avait été refusé sans explications par M. Rouget. Tous ceux qui sont commerçants et qui savent ce que sont les échéances, comprennent la terrible situation dans laquelle se trouvait notre industriel qui, entre la faillite et la perte de cette énorme somme, n'hésita pas. De deux maux, il choisit le moindre. M. Rouget venait d'enrichir la Banque de six mille francs honnêtement gagnés.

Par ses menaces et les exécutions qu'il a faites de ceux qui n'ont pas voulu s'incliner docilement devant lui, ou obéir à ses volontés, ce cynique personnage en est arrivé, nous le répétons, à terroriser la population et à ne plus douter de rien.

Ces jours-ci, il déclarait à qui voulait l'entendre qu'il saurait faire payer cher aux quinze créanciers chirographaires d'un gros débiteur de la Banque, signataires d'une lettre à Me Vellard, leur « intrusion » dans une affaire F..., où la Banque leur a spolié quatre cent quatre-vingt-sept mille francs, par une de ces canailleries tellement habiles que les tribunaux sont quelquefois obligés de les sanctionner.

Et n'est-il pas parvenu, dans une affaire di C..., toute récente, à faire commettre à un officier ministériel, au profit de la Banque et au détriment d'une foule de créanciers intéressants, un acte tellement extraordinaire — nous n'osons le qualifier — que si le procureur général venait à en avoir connaissance, cet officier ministériel pourrait bien être révoqué !

Mais raconter ici en détail toutes les ignominies commises depuis deux ou trois ans par cet homme serait trop long et, d'ailleurs, nous ne pourrions dire ici ce qui nous a été confié sans exposer les intéressés à la vengeance immédiate de cet indigne fonctionnaire, que la Cour d'assises pourrait bien retenir pour extorsion de signature et menaces sous conditions, si l'enquête que nous sollicitons est faite sérieusement.

Et cette enquête, c'est sans tarder que nous supplions le directeur général de la faire, car jamais le moment ne sera mieux choisi qu'à présent, où toutes les audiences commerciales du tribunal étant occupées presque exclusivement par la Banque, on assiste à de nouveaux faits démontrant jusqu'à l'évidence la duplicité, la méchanceté et la malhonnêteté de cet étrange directeur de succursale. Tarder à faire cette enquête laisserait croire au public *que M. Nelson-Chiérico est au courant des agissements de son subordonné, qu'il les approuve et les encourage.* Or cela n'est pas admissible. Le caractère de l'honorable directeur général est trop connu pour qu'on puisse un seul instant supposer qu'il tolèrerait qu'un de ses agents transformât en un établissement de chantage un établissement de crédit, quelque profit qu'il dût en retirer.

Libre à un particulier, à un banquier, d'agir comme il l'entend. Il n'est relevable que de sa conscience, s'il en a une, et du public. Mais qu'un fonctionnaire nommé par le ministre des Finances, que le directeur d'un établissement privilégié, ayant droit d'émission et lié par des statuts, se livre à des actes aussi odieux que ceux qui sont reprochés à M. Rouget, c'est ce que nous ne pouvons admettre. M. Nelson doit être journellement trompé par les rapports de son subordonné. Il ignore ses agissements et l'enquête qui sera faite aura ce double résultat : démasquant un fonctionnaire indigne elle é lairera la religion d'un homme dont nous nous sommes toujours plu à apprécier le caractère, à louer l'esprit de justice et la loyauté (1).

1. *Le Colon.*

Cette opinion est absolument personnelle à M. Finat, qui me permettra de ne pas la partager, car si M Nelson-Chiérico *était honnête, juste et loyal*, il y a longtemps qu'il aurait mis bon ordre à ce désordre!

M. Rouget avait fait dire, en réponse à l'article précédent, qu'il agissait ainsi « pour la morale! » M. H. Finat répondit :

Ce n'est pas seulement au nom de la Banque que travaille M. Rouget, c'est aussi au nom de la morale outragée et de la so-ci é-té compromise! Il n'est pas seulement directeur de succursale, il est encore l'Ange de l'expropriation, chargé d'expulser de chez eux les Adam et Ève qui ont fauté. Qui eût jamais dit, avant les exécutions faites par M. Rouget, que la population de Jemmapes et de Philippeville était si corrompue!

C'est encore au nom de la morale que le sympathique directeur de notre succursale use de sa situation pour violenter les commerçants et les menacer de leur retirer le crédit s'ils n'obéissent pas à ses caprices, à ses plus entières volontés.

C'est toujours au nom de la morale qu'il les force à payer ce qu'ils ne doivent pas, ou à perdre ce qui leur est dû quand la Banque est créancière dans une affaire.

Nous avons cité des faits dans nos précédents articles. En voici un autre, qui n'a pas précisément tourné à l'avantage de la Banque, grâce à l'énergie dont il a été fait preuve, mais qui montre à quels honteux procédés a recours M. Rouget pour forcer la main à ceux qui ont besoin de crédit.

Nous n'aurions peut-être pas publié les pièces qu'on

lira plus loin, mais M. Rouget, avec le cynisme qu'on lui connaît, ayant osé déclarer que jamais il n'avait cherché à exercer la moindre pression sur les clients de la Banque, en les menaçant de refuser leurs bordereaux s'ils n'obéissaient pas à ses injonctions, nous avons tenu à prouver que, dans tout ce que nous avons avancé, il n'y a rien que de très vrai.

M. G..., notable commerçant de Collo, avait un marché passé avec M. F....., de Philippeville, pour la fourniture à ce dernier et à diverses époques de cinq mille quintaux de bois.

De son côté, M. F... expédiait à M. G.... du vin, dont le montant devait venir en déduction des livraisons de bois, ainsi qu'il était stipulé dans le contrat. Or M. F.., qui possédait pour 487,000 francs d'immeubles et propriétés, ayant été mis en liquidation par la Banque, des valeurs, tirées par lui sur M. G...., revinrent impayées.

M Rouget, qui avait en sa possession tous les livres et documents, ne devait pas ignorer que ces traites n'étaient pas dues. Il pouvait, dans tous les cas, demander au tiré des renseignements sur les motifs qui l'avaient amené à refuser le paiement de ces traites. Il préféra, suivant son habitude, s'y prendre avec lui comme il s'y était pris avec tant d'autres, chez qui cette façon d'agir avait si souvent réussi.

Il lui écrivit donc la lettre suivante :

BANQUE DE L'ALGÉRIE — Philippeville, le 25 août 1890.

« *Monsieur N... G...,*

« *Négociant à Collo.*

« Vous n'ignorez pas que je suis porteur de trois traites impayées, fournies sur vous par

M.F.., à l'échéance du 5 août, pour une somme de 1.150 fr.

« La mention du refus du paiement, au protêt, indique que vous n'êtes pas d'accord avec le tireur.

« Je viens vous **mettre en demeure** de fournir immédiatement des explications sur le différend qui vous divise et vous préviens, d'ores et déjà, qu'au moyen des documents que j'ai en mains, je suis à même d'en contrôler la véracité.

« C'est le **règlement** de cette dette à bref délai que je désire, si vous ne voulez m'obliger à **refuser les valeurs portant votre signature qui seront présentées à l'escompte à la Banque.**

« Agréez, etc.

« Signé : ROUGET. »

On voit, par cette lettre, le procédé employé par M. Rouget dans les affaires où la Banque est créancière, concurremment avec un de ses clients, d'un débiteur commun. Que vous deviez ou ne deviez pas, payez ou je vous coupe le crédit. C'est là un odieux abus de pouvoir, c'est de la menace sous condition, prévue par le Code, c'est enfin du chantage.

Mais qu'importe à M. Rouget! quatre-vingt-dix-neuf fois sur cent, ce procédé lui a réussi. Par extraordinaire il n'eut pas le même succès cette fois, car il s'attira là cette verte réponse de M. G... :

« Monsieur le Directeur,

« Je reçois votre lettre du 25 août.

« Ce n'est pas avec vous que je discuterai le singulier système suivant lequel vous me menacez, quitte d'ailleurs à ne rien faire, de refuser mes signatures si je ne paye pas telle ou telle somme qui vous est due par Pierre ou Paul.

« Je n'ai qu'une chose à vous dire : c'est que le ton de votre lettre ne me convient pas, que je ne vous dois aucune explication et que je ne vous en donne aucune.

« Agréez, etc. « N. G.... »

Inutile d'ajouter qu'aussitôt assigné par la Banque, M. G... fit condamner cette dernière à tous les frais et dépens du procès.

Mais son journal ne manquera pas de dire que dans cette affaire c'est encore au nom de la morale qu'a agi son ami Rouget et qu'il est regrettable que la Justice ne l'ait pas compris. Ce M. G..., qui possède une grosse fortune, a dû la gagner comme tant d'autres, et la somme que lui réclamait indûment M. Rouget n'avait d'autre but que de lui faire restituer ce qu'il a dû certainement prendre malhonnêtement ailleurs...

Et comme il y a, dans le dossier de la Banque, des centaines de faits semblables à celui-ci, il s'ensuit que dans notre arrondissement colons et commerçants se valent.

Si bien que lorsque M. Rouget aura expulsé ou exécuté tous les malhonnêtes gens, il ne lui restera d'autre ressource que de s'ouvrir un crédit à lui-même.

Et M. Finat continue quelques jours après :

Nous avons publié, dans notre dernier numéro, en réponse à une dénégation cynique du directeur de la succursale, une lettre adressée à un notable commerçant, dans laquelle M. Rouget le menaçait de lui

refuser le papier qu'il présenterait à l'escompte s'il ne lui payait 1,150 francs de valeurs **qu'il ne devait pas**.

Il existe dans le dossier de la Banque une centaine au moins de lettres absolument semblables, adressées par le même Rouget à des négociants, qui, pour la plupart, ont été obligés de s'exécuter pour ne pas l'être eux-mêmes par M. Rouget. Nous avons également cité le cas de cet industriel de notre ville, que M. Rouget **obligea** à faire rayer du rôle un procès important qu'il avait engagé contre la Banque en lui **refusant** brutalement un bordereau qu'il présentait à l'escompte, la veille du jour où le jugement allait être rendu.

Des faits que nous avons dévoilés, et de tous ceux que nous ne pouvons publier sans exposer les personnes qui nous les ont révélés à la vengeance du directeur, il résulte que le seul dispensateur du crédit à Philippeville est l'unique M. Rouget, à qui toute liberté est laissée de violenter, de spolier et de ruiner les commerçants selon son caprice ou ses rancunes.

Mais alors à quoi servent les administrateurs et les membres du Comité d'escompte, que les statuts adjoignent au directeur pour l'acceptation ou le refus du papier présenté?

Ces statuts s'expriment ainsi :

« Art. 16. — Le Conseil d'administration des succursales est assisté d'un Comité d'escompte. Ce Comité est choisi par le Conseil d'administration auquel il est adjoint, pour cette formation, suivant l'importance de la succursale, de dix à seize notables commerçants de la place, actionnaires de la Banque.

« Art. 17. — Le Comité se compose du directeur, président, de deux administrateurs et de deux à quatre membres pris parmi les notables commerçants précédemment désignés.

« Tous les membres du Comité d'escompte ont voix délibérative.

Les décisions du Comité ne peuvent être prises qu'autant que la moitié des membres au moins y a concouru.

« Art. 18. — Le Comité d'escompte est exclusivement chargé d'examiner et d'admettre ou de rejeter toute valeur présentée à l'escompte.

« En cas de partage le rejet est prononcé.

« Les bordereaux d'admission ou de rejet des valeurs présentées à l'escompte sont signés par tous les membres qui ont assisté à la réunion du Comité. »

Or, quand M. Rouget écrit aux négociants avec lesquels il est en difficultés, qu'il refusera les valeurs portant leur signature, qui seront présentées à l'escompte si satisfaction ne lui est donnée ; quand il refuse effectivement les bordereaux présentés, ainsi qu'il l'a fait à l'industriel cité plus haut. consulte-t-il le Comité d'escompte qui, d'après les statuts, est exclusivement chargé d'examiner et d'admettre ou de rejeter les valeurs présentées ?

Poser la question c'est y répondre.

C'est donc en violant effrontément les statuts et par un scandaleux abus de pouvoir que M. Rouget exerce son odieuse pression sur le commerce de notre arrondissement.

Et comme cette situation ne peut durer sans que le crédit de notre place en souffre, sans que la Banque elle-même n'en éprouve un préjudice considérable, nous croyons devoir insister plus que jamais auprès de M. le directeur général pour que satisfaction soit rapidement donnée à la demande d'enquête que nous avons respectueusement formulée.

A Jemmapes, c'est comme ailleurs.

Voici une correspondance qui indique nettement la situation :

Vous avez, dans votre dernier article, appelé l'attention du ministre des Finances et du directeur général de la Banque sur la situation faite par M. Rouget aux membres composant le Comité d'escompte de la Banque, à Philippeville.

Vous dites, avec raison, que M. Rouget, violant effrontément les statuts qui régissent son administration, est le seul dispensateur du crédit à Philippeville et dans la région, puisque, contrairement au règlement, il refuse ou accepte, selon son caprice ou ses haines, le papier qui lui est présenté, sans s'occuper du Comité qui lui est adjoint par les statuts et qui, seul, a qualité pour recevoir ou rejeter ce papier.

Beaucoup de vos lecteurs ignorent peut-être que l'adjonction du Comité d'escompte au directeur n'a pas seulement pour but de dégager la responsabilité de ce dernier, mais encore de le soustraire aux influences et surtout aux tentations auxquelles, s'il était faible ou malhonnête, il pourrait succomber.

Ainsi, il s'est passé, *il y a longtemps*, il est vrai, à *Bône, ville que M. Rouget a habitée*, un fait qui démontre combien étaient prévoyants les auteurs des statuts de la Banque de l'Algérie en exigeant, pour la réception ou le refus des valeurs présentées à l'escompte, l'avis des membres composant ce Comité.

Un industriel de cette ville ayant eu besoin de fonds pour une entreprise dont il s'était rendu adjudicataire, s'en fut exposer son cas au directeur d'un établissement de crédit que je ne veux pas nommer. Il lui expliqua donc par le menu les détails de l'affaire et les bénéfices qu'il espérait en retirer.

— Bien, répondit le financier, mais à moi qu'est-ce qui me restera ?

— Ce que vous voudrez, répondit sans s'émouvoir le quémandeur. Et le crédit demandé fut aussitôt accordé.

Voilà ce qui peut se passer quand un fonctionnaire est seul maître de la fortune d'autrui. C'est pourquoi nous ne saurions trop insister pour que le directeur général remette un peu d'ordre dans notre succursale en faisant respecter les statuts de son administration par son étonnant subordonné.

Une belle fumisterie est certainement celle contée dernièrement à ses lecteurs par l'organe attitré de M. Rouget.

« La Banque de l'Algérie, dit le défenseur de ce « cynique personnage, reçoit sur place chaque lundi « les demandes de crédit faites par les colons, les « instruit dans le courant de la semaine, et le lundi « suivant, l'intéressé, s'il a justifié d'un besoin réel de « fonds, obtient satisfaction et peut parer aux dépenses « de culture exigées par ses terres. »

Ce qui précède est exact, et une pancarte affichée dans les bureaux de Jemmapes appelle sur ces prêts l'attention des colons. Seulement, depuis trois mois que ce bureau « fonctionne, » il a tout juste prêté deux mille francs ! Et à qui ? A des riches.

On n'avait donc pas lu la pancarte de la Banque, à Jemmapes ? direz-vous. Si. Mais quand un colon emprunteur se présentait, on l'informait qu'il lui fallait se procurer deux cautions solvables d'abord, et quand il les avait trouvées, ce qui n'était pas facile, on lui disait encore qu'il fallait la main-levée de ses créanciers hypothécaires ; si bien que s'apercevant qu'on se moquait effrontément d'eux, un colon s'est un jour amusé à griffonner sur les murs des bureaux de la Banque : Demain on donnera des fonds !

Et cette boutade, renouvelée du barbier gascon, est la morale de cette odieuse fumisterie.

Votre article sur le triste directeur de la succursale de la Banque de l'Algérie à Philippeville a produit ici une profonde sensation. Un véritable soupir de soulagement est sorti de nos poitrines car il a semblé à chacun de nous qu'il se dégonflait de toutes les colères amassées, de toutes les haines que cet homme a semées sur son passage par son extraordinaire dureté, son insolence et son hypocrisie.

Sa dureté? Elle s'est traduite ici dans toutes les affaires où la Banque pouvait intervenir, et d'une façon telle que l'on se demandait, avant de connaître le but que poursuivait en dessous la Banque, la constitution d'une Société immobilière, à quels mobiles pouvait bien obéir M. Rouget pour, le plus souvent sans raisons valables, se livrer à des exécutions « indirectes » de colons gênés mais non insolvables.

Ni les larmes des malheureux qu'il allait ruiner ni les arguments les plus sérieux invoqués ne l'ont jamais touché. Je sais qu'en affaires il n'y a pas de sentiment, mais il ne faut pas non plus tomber dans l'excès contraire, et le milieu est dans la justice et dans une saine appréciation des choses et des faits.

Son insolence? Qui de nous ne l'a entendu, soit dans le local de la Banque, soit dans sa chambre, à l'hôtel d'Orient, traiter d'ivrognes et d'escrocs les colons, ses débiteurs, qu'il avait convoqués pour s'entendre dire de pareilles aménités.

Son hypocrisie? Elle s'étale tout au long dans les procédés qu'il emploie avec le personnel auxiliaire que la Banque a ici pour gérer ses biens. Rarement, quand des exécutions sont à faire, M. Rouget adresse des ordres écrits au chef de ce personnel. C'est verbalement qu'il lui dit ce qu'il a à faire, le désavouant ensuite avec une désinvolture sans pareille quand l'affaire menace de tourner mal, ou le chargeant à l'occasion, auprès des débiteurs poursuivis, de tous les péchés d'Israël pour se disculper lui-même. Aussi les responsabilités encourues par le chef de ce personnel sont telles qu'en deux ans six ont successivement donné leur démission, ne voulant pas se prêter aux manœuvres habiles mais quelque peu louches de M. Rouget, et que l'un d'eux, le dernier, le *malheureux Jouvanseau, a été assassiné, il y a trois mois*, par une main inconnue, payant ainsi pour d'autres la somme de haines amassée par la Banque dans notre région.

M. Tirman, au Conseil supérieur, et le procureur général, il y a peu de temps, déploraient l'insécurité qui règne à Jemmapes, où les vols et les incendies ne se comptent plus. A qui la faute! La misère, grâce aux persécutions exercées par la Banque, est épouvantable chez nous et la faim n'est-elle pas mauvaise conseillère!

Nous ne sommes pas précisément très pieux à Jemmapes, mais je vous assure que le jour où l'on apprendra le déplacement de M. Rouget, il se brûlera plus d'un cierge dans plus d'une maison (1).

Ce serait à ne pas y croire, mais malheureusement tout cela est rigoureusement exact; il y a de tout dans ces vilaines affaires, jusqu'à du sang!

Voici d'autres faits :

En 1856, M. Louis F., qui venait de faire la campagne de Crimée, arrivait à Philippeville; il s'em-

1. *Le Colon.*

ployait, en débarquant, comme ouvrier du port, alors en construction; puis, au bout de quelque temps, il obtenait une fourniture de matériaux, où il réalisa, après quelques années, de petites économies qui lui permirent de s'installer en qualité de restaurateur et logeur, et pendant dix ans il ramassa une petite fortune.

Quand il vendit son fonds, il se mit dans les affaires et fit, en petit d'abord, dans des proportions importantes ensuite, le commerce des lièges, des bois et des charbons; son commerce prospérait et il plaçait ses bénéfices en acquisitions d'immeubles urbains et ruraux ; il acquit ainsi quelques centaines d'hectares de propriétés.

En 1882, il reçut plusieurs fois la visite du directeur de la succursale de la Banque de l'Algérie à Philippeville. Ce directeur lui parlait chaque fois de l'avantage qu'il pouvait y avoir pour lui à faire des opérations de Banque avec les nombreux propriétaires ses voisins, avantage qui se solderait par l'encaissement par lui, de la différence entre le taux de la Banque de l'Algérie, 5 0/0 l'an, et celui auquel il consentirait ses prêts ; il lui offrait de lui prendre à l'escompte tout ce qu'il lui présenterait; il lui ouvrait de cette façon un crédit de Banque illimité, et afin d'arriver plus facilement à ses fins, le susdit directeur envoyait à chaque instant, des emprunteurs qu'il savait avoir de l'influence sur lui solliciter des prêts de M. F.

M. F. finit par se laisser convaincre, il se laissa prendre à toutes ces séductions, et se fit le banquier de ses voisins. Sa fiche à la Banque, qui jusqu'alors avait été insignifiante, arriva, dans l'espace d'une année, au chiffre de 200.000 francs et son portefeuille grossissait à 400.000 francs, preuve qu'il possédait disponible et en espèces une somme de 400.000 francs, en dehors de ses immeubles.

A cette époque, la Banque de l'Algérie, qui recherchait les escomptes, ne trouvait pas de moyen plus propice pour arriver à son but que de recommander les immobilisations territoriales, telles que plantations de vignes, constructions de caves, acquisitions de matériel, qui obligent le propriétaire qui n'a pas une somme suffisante de capitaux disponibles à contracter des emprunts. La Banque escomptait déjà le jour prochain où, ainsi que cela s'est réalisé, elle bénéficierait au moyen de ses billets de Banque, qui ne lui coûtaient rien, d'agios formidables d'abord, qui maintiendraient les cours élevés de ses actions; ensuite, des terres, des capitaux, du travail et du temps, aussi bien que de l'intelligence et des forces des emprunteurs.

De même qu'elle s'adressait à toutes les personnes solvables de la colonie pour les inviter à lui servir d'intermédiaire, elle fit venir M. F. qu'elle savait riche, vigoureux et intelligent, autant que probe et travailleur, et l'engagea vivement à planter de la vigne sur ses terres, lui montrant la fortune au bout de ses cultures.

M. F., qui voyait partout des vignobles se créer autour de lui, qui subissait l'influence des agents de la Banque — car enfin, c'est quelque chose que l'obsession persistante d'une aussi importante société de crédit, qui vous ouvre ses coffres où vous pouvez puiser sans compter et qui vous fait entrevoir une époque indéfinie pour le remboursement, — finit par se laisser séduire. Il planta d'un seul coup 160 hectares de vignes dont 120 hectares à Robertville, 40 hectares banlieue de Philippeville.

Cette plantation avait coûté cher. Pour y faire face, M. F. avait employé tout son capital espèces, et avait obtenu des remboursements de la plupart de ses emprunteurs.

Quand les 160 hectares de vignes furent en rapport M. F. se trouva dans l'obligation de faire construire des caves et de se procurer le matériel vinaire utile. Comme il avait enterré tout son capital disponible, la Banque lui offrit de lui prêter les sommes nécessaires sans spécifier ni termes, ni délais, lui promettant de lui renouveler les valeurs tous les trois mois pour lui permettre d'attendre que la vente de ses produits amortît ces emprunts; seulem nt, comme, d'après l'article 16 de ses statuts, il lui fallait deux signatures, elle demanda à M. F. la signature de M. Louis B. qui depuis quelques années faisait avec M. F. en association des opérations de lièges.

M. B. accéda au désir de la Banque, et de ce jour, l'association en participation qui avait existé entre M. F. et M. B. pour le commerce des lièges, devint une société effective en conformité des articles 18 et 20 du code de commerce. M. F. fournissait à l'association son apport total, M. B. sa signature. M. F. demeurait propriétaire du foncier, mais M. B. devait par la suite prendre sa part du bénéfice, soit la moitié du profit, après prélèvement des intérêts du capital engagé qui demeurait à F.

En 1887, la Banque demanda à F... et B... le remboursement de leur dette; elle savait bien que la chose était impossible, les vignes n'ayant pas encore rapporté, depuis quatre ans qu'on dépensait pour elles. MM. F... et B... ne purent satisfaire à cette demande et sollicitèrent un délai. La Banque consentit à ne pas exiger le remboursement immédiat de ce qui lui était dû, mais elle exigea pour sa garantie une hypothèque du montant de sa créance.

Ses débiteurs y consentirent et, le 12 juin 1887, ils donnaient à la Banque de l'Algérie, par acte passé devant Me Mahyeux, notaire à Philippeville, hypothèque sur tous leurs biens, meubles et immeubles, garantissant une somme de 365.000 francs, qui fut fixée entre parties, comme étant la dette audit jour de la raison sociale F... et B...

La signature était à peine donnée que le ton de la Banque changea complètement. Ce n'était plus ces beaux discours tenus par le directeur de la succursale, ou les *chers messieurs, avec des gens comme vous, la Banque y va avec pleine confiance; c'est pour des colons comme vous que la Banque a été créée; notre but! notre mission! sont de faciliter les colons. Voulez-vous de l'argent? nos coffres sont à votre disposition. Usez-en, c'est encore la Banque qui sera votre obligée.*

Non, tous ces beaux discours étaient passés, ce n'était plus que froissements, vexations de toutes sortes, invectives même, de la part du directeur de la succursale, où les mots : *Tas de voleurs, rendez-moi ce que vous me devez*, étaient encore ce qu'il y avait de plus élégant dans le choix d'expressions qu'on trouvait à présent pour ces propriétaires, que *l'on tenait!*

On marcha néanmoins jusqu'en 1889. En octobre de cette année, MM. F... et B... avaient en cave 8.000 hectolitres de vin, ils attendaient une occasion pour le vendre. Le directeur de la succursale les fit venir dans son cabinet, et leur intima L'ORDRE, *sous peine d'expropriation immédiate*, de vendre de suite leur vin. « Mais, lui répondirent ces messieurs, le moment n'est pas propice, les cours sont avilis, les négociants de Philippeville qui ont tous les producteurs à la fois à leur porte, tirent profit de la situation et ne nous offrent que 10 francs l'hectolitre d'un vin que nous vendrons, dans deux mois, quand les offres se seront un peu tassées, au moins 18 francs l'hectolitre. — Ce n'est pas mon affaire, leur dit M. Rouget : *Vendez ou je vous f... à la porte de chez vous.* »

Ils vendirent. La maison B... de Philippeville choisit dans leurs caves le vin qui lui convenait le mieux et prit livraison de 5.500 hectolitres, au prix moyen de 10 fr. 30 l'hectolitre. Du fait de cette vente, la Banque encaissa immédiatement la somme de 56.000 francs. Un mois plus tard, MM. F... et B... vendaient eux-mêmes à diverses maisons qu'ils avaient eu le temps de choisir, le solde de leur récolte, soit 2.500 hectolitres de vin, celui que la maison B... avait trouvé inférieur, à raison de 19 francs l'hectolitre !

La Banque a donc été la cause, en obligeant ces vignerons à vendre leur vin à la cuve dès la vendange, d'une perte sèche, pour eux, de 8 fr. 70 par hectolitre, qui, répétée par 5.500 hectolitres, constitue, par sa faute, une perte totale de **47.850** fr. qu'elle a obligé ses débiteurs à supporter pour en faire bénéficier... la maison B... !

La créance de la Banque se trouvait donc diminuée de ces 56.000 francs, qui lui furent versés par la maison B..., ci. . . . . 56.000 fr.

Plus tard, elle fut subrogée par

A reporter. . 56.000 fr.

Report. .	56.000 fr.
M. F... dans un prix de vente d'un immeuble au faubourg (boulangerie), pour	16.000
Et dans une créance hypothécaire sur un immeuble sis à l'Oued Louach, pour	9.500
Ou ensemble. . . .	81.500 fr.

La dette de MM. F... et B..., vis-à-vis de la Banque, se trouvait donc réduite à **283.500** francs.

Au mois de juin 1890, MM. F... et B..., qui avaient à la Banque une échéance de 33.100 francs, remirent, comme à l'ordinaire, à la succursale, un bordereau d'effets en renouvellement. Le bordereau fut pris sans observation et on avait tout lieu de le croire accepté, puisqu'on ne l'avait pas rendu, qu'on l'avait au contraire pris comme à l'ordinaire, c'est-à-dire comme on faisait chaque fois depuis huit ans, à chaque échéance. La Banque toutefois ne rendit pas les valeurs échues que l'on renouvelait, mais comme elle a l'habitude de ne pas restituer régulièrement les valeurs renouvelées, on ne s'en préoccupa pas autrement.

Ce bordereau remis à la Banque, MM. F... et B... partirent pour leurs propriétés de Robertville, où ils avaient des travaux importants à surveiller.

La Banque profita de leur absence pour faire

protester les valeurs échues le 30 juin et dont le renouvellement lui avait été remis. Profitant toujours de cette absence et au moyen de ces protêts, elle présenta, le 6 juillet, une requête à M. le président du tribunal, et en obtint une ordonnance qui prescrivait la saisie-conservatoire de tous les biens meubles et immeubles de ces emprunteurs.

MM. F... et B..., qui étaient à la campagne, qui ne se doutaient pas de la procédure suivie à leur égard, qui étaient loin de s'en méfier, car on ne leur avait pas retourné le bordereau remis fin juin en renouvellement de ces effets, furent tout surpris de voir arriver à Robertville M. Mariel, contrôleur de la succursale, qui accompagnait un huissier, Me Jacob Ceddaha, qui procéda le 7 juillet à la saisie de ce qui se trouvait sur leurs propriétés. Pendant ce temps d'autres saisies s'effectuaient aux autres propriétés de ces colons.

M. F... se rendit alors à la succursale où on lui restitua son bordereau que l'on détenait depuis huit jours, en lui disant qu'on ne l'acceptait pas, ordre reçu d'Alger — il était bien temps ! — On ajouta qu'on allait le faire exproprier. Cela se voyait assez !

En effet, la procédure suivit rapidement son cours, elle fut inflexible.

MM. F... et B.., qui voyaient que la Banque voulait les dévaliser complètement, mais qui étaient désireux, si eux succombaient, de sauvegarder les créances de leurs petits fournisseurs qui avaient eu confiance en eux, ceux qui leur avaient vendu des marchandises et du matériel pour l'entretien de leurs vignobles et de leurs caves, auxquels ils devaient une somme d'une vingtaine de mille francs, déposèrent immédiatement leur bilan, conformément à l'article 438 du Code de commerce et à l'article premier de la loi du 4 mars 1889. Ils demandaient la liquidation judiciaire, au besoin *la faillite*, dans le but de faire que la nomination d'un syndic ou d'un liquidateur judiciaire fît restituer à la communauté des créanciers les marchandises et objets mobiliers qui avaient été saisis par la Banque et qui formaient une valeur importante.

C'était la mesure la plus loyale, la plus morale, la plus honnête qui leur restât à employer.

La Banque, qui voulait tout pour elle, s'opposa au dépôt du bilan, elle plaida que MM. F... et B... n'étaient pas commerçants. Le tribunal, avant de juger au fond, nomma un expert qui lui fut désigné par la Banque, en donnant à cet expert la mission de l'éclairer sur la nature des opérations de la maison F... et B.... L'attitude de la Banque en cette circonstance était déjà anti-statutaire, car les articles 14 et 15 de ses statuts ne l'autorisent à faire que des opérations commerciales, lui interdisant les prêts directs à la propriété qui sont affaire au Crédit foncier, et, par suite, le fait seul pour MM. F... et B... d'avoir fait avec la Banque des opérations de banque ou d'escompte, établissait la qualité commerciale de chacune des parties.

L'affaire fut donc mise aux interloquées. M. B..., courtier à Philippeville, expert demandé par la Banque, ayant accepté la mission.

Pendant ce temps, la Banque qui avait saisi mobilièrement et immobilièrement toutes les marchandises et toutes les propriétés de MM. F. .et B..., faisait vendre sur la place publique toutes les marchandises et tous les meubles personnels, et faisait diligence, pressait ses hommes d'affaires, pour arriver à la vente des propriétés au tribunal, avant que l'expert eût déposé son rapport.

La procédure terminée, tous les délais accomplis, la veille du jour où les immeubles allaient être vendus à la barre à la poursuite de la Banque, l'expert B... vint déclarer au tribunal qu'il résignait la mission qui lui avait été confiée deux mois auparavant !

La Banque avait donc le champ libre, les délais étaient expirés, elle était arrivée à la réalisation de ses désirs sans la moindre entrave de la part d'un syndic dont elle avait à tout prix évité la nomination.

Le Tribunal nomma un autre expert, M. G.... Cet expert déclara, deux mois après, que MM. F... et B... n'avaient jamais fait autre chose que des opérations commerciales.

Mais tout était consommé, il était trop tard, la Banque avait tout pris !

Le tour était joué !

La Banque avait elle-même, le 21 mai 1890, estimé à 775.000 francs le montant total de l'actif de ces propriétaires. Elle fit mettre leurs propriétés en vente et se les fit adjuger à la barre pour la somme de 130.000 francs !

La Banque a saisi-arrêté pour plus de 100.000 fr. de créances de ces débiteurs, ce qui réduit à elle, sa créance totale à fr. 183.500.

Elle bénéficie donc dans cette opération de fr. 591.500 qu'elle enlève à MM. F... et B... et elle frustre le Trésor de ses droits d'enregistrement sur f. 645.000.

Par le fait de la Banque de l'Algérie, l'Etat a perdu dans cette affaire les droits d'enregistrement sur fr. 645 000., les petits créanciers ont perdu leur créance totale, et la ruine de MM. F... et B... a été consommée. On leur a pris 775.000 fr. pour en payer 183 500, et comme la Banque n'a acquis à la barre ces 775.000 francs que pour 130.000 francs, elle demeure créancière de MM. F... et B.. de la somme de fr. 53.500 !

C'est tout simplement inique, c'est odieux.

Cette spoliation a été faite au moyen de la monnaie fiduciaire qui n'a rien coûté à la Banque que le prestige de l'Etat, qu'elle a absolument compromis, aussi bien dans cette affaire que dans toutes les autres dont elle s'occupe.

M. Jean-Baptiste R..., originaire de Marseille, débarquait à Philippeville il y a quarante ans ; tour à tour boulanger, camionneur, entrepreneur des transports de la guerre, ce robuste colon était arrivé, à force de travail, d'honneur et de probité, à acquérir, avec l'estime de ses concitoyens, une petite fortune. Il avait placé ses économies sur quelques immeubles urbains et s'était risqué à planter de la vigne, aux portes de la ville ; cette plantation réussit à merveille et au moment où la fièvre des acquisitions territoriales possédait la contrée, il céda comme les autres aux insistances des agents de la Banque et se mit, lui aussi, à faire construire des caves, tout en agrandissant ses plantations.

Il arriva ainsi au chiffre important de cinquante hectares de vignes ; quand ces vignes furent en rapport, il pouvait, largement, établir son revenu de la façon suivante :

Récolte de vin, moyenne 4.000 hectolitres, à 17 francs l'hectolitre, prix moyen.	Fr. 68.000 »
Revenu d'une maison à Philippeville, 10, rue de Stora. . . .	3.000 »
Revenu d'écuries et magasins au faubourg	1.300 »
	Fr. 72.300 »

M. R... avait emprunté au Comptoir d'escompte de Philippeville, l'intermédiaire de la Banque de l'Algérie, la somme de fr. 220 000, sur billets renouvelables, à raison de 7 pour 100 l'an, soit . . . . Fr. 15.400 » par an.

Ses dépenses, frais d'entretien compris, n'atteignaient pas.	20.000 »	par an.
Soit au total. .	Fr. 35.400 »	
Il avait donc une position équivalente à un revenu net de.	Fr. 36.900 »	

M. R..., dont les vignes déjà vieilles étaient en plein rapport, dont le vin était recherché parcequ'il était bon et que ce vigneron jouissait, à juste titre, d'une excellente réputation, aurait pu rembourser sa dette en six ans en amortissant, ou de suite, en aliénant une partie de ses biens, mais il gênait la Banque, qui avait intérêt à le faire disparaître.

En effet, R... vendait toujours son vin 30 0/0 plus cher que la Banque, sa voisine, vendait le sien qui était inbuvable; ses propriétés étaient admirablement entretenues, celles de la Banque d'à côté ne pouvaient supporter la comparaison.

Enfin, tous les vignerons du département venaient demander à M. R... des conseils et des avis, que ce brave colon ne leur refusait jamais.

Et M. le ministre de l'Agriculture avait récompensé cet honnête homme, ce bon citoyen, en lui décernant, il y a quelques années, la décoration nationale du Mérite agricole.

L'heure du repos bien gagné était venue pour R... Hélas ! il avait compté sans la Banque.

L'année dernière, la récolte de vin fut entièrement détruite par le mildew, aussi bien la récolte de la Banque que celle de ses voisins. J'ai déjà expliqué dans quelles conditions. M. R... n eût pas plus de raisins que la Banque en eût pour sa part et se trouva par suite dans l'impossibilité de payer les intérêts de son emprunt au Comptoir d'escompte de Philippeville ou 3.850 francs par trimestre pendant un an.

La Banque, dont l'amour-propre souffrait des succès vinicoles de M. R..., qui, pour ce motif et pour d'autres que nous allons expliquer, avait depuis longtemps des vues sur ses propriétés, fit alors venir ce colon, l'injuria, le bouscula, le menaça, lui fit entrevoir la faillite et lui ordonna, sous peine de *poursuites judiciaires* immédiates, de lui céder tous ses biens.

« Mais, répondit R..., j'ai pour 414.000 francs de propriétés, je ne vous dois que 220.000 francs. Je suis par conséquent au-dessus de mes affaires. Laissez-moi arriver à l'année prochaine, j'amortirai alors une cinquantaine de mille francs et tâcherai de vendre une partie de mes propriétés, afin de me libérer. Je vivrai ensuite avec ce qui me restera. »

La Banque, qui suivait son idée, fut inflexible. Elle menaça R..., lui fit entrevoir toutes les conséquences d'une expropriation judiciaire, et comme ce malheureux se débattait, qu'un procès aurait ajouté à la somme de scandales qui éclatent journellement autour de la Banque, qu'elle sait bien qu'elle s'enlise sous la réprobation publique, le directeur de la succursale fit à nouveau appeler R... et l'amena à lui céder toutes ses propriétés et tous ses biens meubles et immeubles en lui faisant la promesse de lui tenir compte dans la revente de ses biens à laquelle elle allait travailler, disait-elle, de la différence entre le prix d'achat et le prix de revente faits par la Banque. Et afin de mieux le tromper et de le decider à accepter ce marché sans faire d'éclat, la Banque lui promit, outre les 220.000 francs à rembourser par elle au Comptoir d'escompte de Philippeville pour son compte, de payer pour lui environ 10.000 francs à divers fournisseurs, soit ensemble 230.000 francs, et lui promit enfin la récolte de vin de 1891.

Le naïf colon se laissa prendre à ce trébuchet et consentit à l'opération, mais au moment de la lecture de l'acte de vente, il s'aperçut que cette vente, qui avait été consentie par lui pour la somme principale de. . . . . 230 000 francs

Plus le prix de la récolte de vin de 1891, estimée au moins . . . 68.000 —

Soit ensemble . . . 298.000 francs

n'était inscrite à l'acte que pour la somme de 140.000 francs, soit une différence de 158.000 francs. Il en fit la remarque et allait se refuser à signer, lorsque les agents de la Banque lui dirent : « Mais c'est pour votre bien que nous agissons ainsi. Si nous ne faisons insérer à l'acte que 140.000 francs, c'est afin de vous donner une plus grande somme à toucher lorsque nous revendrons ces biens dont nous allons immédiatement chercher acquéreur. » Il n'avait pas pensé qu'en le volant on volait aussi l'État en lui subtilisant les droits de mutation pour cette différence.

R... crut à ce qu'on lui disait, il signa tout ce qu'on lui présenta et se dépouillait le 3 octobre 1890, en l'étude de Me Mahyeux, notaire à Philippeville, au profit de la Banque de l'Algérie, suivant acte, dont voici extrait succinct :

CONSERVATION DES HYPOTHÈQUES

BUREAU DE PHILIPPEVILLE

Extrait de la transcription du 15 octobre 1890
vol. 253, n° 17

Transcrit vente reçue par Me Mahyeux, notaire à Philippeville, le 9 octobre 1890, consentie par Jean-Baptiste R., propriétaire viticulteur, et Eugénie R. sa femme, demeurant à Philippeville, rue de Stora, 10.

A la Banque de l'Algérie, des immeubles ci-après :

1° Une vaste maison sise à Philippeville, rue de Stora, n° 10, élevée sur rez-de-chaussée de deux étages, cour et jardin, d'une superficie de 418 mètres carrés, d'après le cadastre.

II° Deux vastes constructions neuves sises au village de Damrémont, annexe de Philippeville, près la gare, comprenant l'une une vaste cave de 52 mètres de long sur 11 mètres de large et 7 mètres de hauteur; l'autre a aussi 52 mètres de long sur 11 de large et comprend 6 pièces au rez-de-chaussée, et 6 à l'étage; le tout d'une superficie avec les dépendances de 19 ares 80 centiares.

III° Une propriété sise dans la plaine de Damrémont, commune de Philippeville, à environ 2 kilomètres de cette ville, au lieu dit Chabet Sidi Mesbach, au passage à niveau du chemin de fer, sur la route de Damrémont, à l'embranchement de cette route et de celle de Valée, d'une contenance totale de 18 hectares 63 ares 30 centiares, d'après les titres et le plan, mais contenant en réalité environ 21 hectares, suivant mesurage, avec maison et autres dépendances.

IV° Une pièce de terre plantée en vigne, sise territoire au nord et dans la plaine de Damrémont, d'une contenance de 14 hectares 05, environ.

V° Une pièce de terre sise territoire du village de Damrémont à environ 500 mètres du village, contenant environ 9 hectares 50 ares 49 centiares.

VI° Une parcelle de terrain contenant 1 hectare 62 ares 34 centiares environ, sise sur le territoire du village de Damrémont, au passage à niveau, où elle aboutit en pente.

VII° Le tiers indivis appartenant aux époux R. vendeurs, dans un vaste bâtiment sis à Philippeville au faubourg de l'Espérance, comprenant de vastes écuries, remises et greniers à fourrages, plusieurs logements, autres bâtiments à côté, terrain et dépendances. Le tout occupant une superficie de 17 ares 27 centiares environ, à droite de la route de Philippeville à la Pépinière.

VIII° Tout le matériel, le cheptel et les immeubles

par destination, répartis sur les immeubles sus désignés et généralement tous outils, instruments aratoires et objets mobiliers, servant à l'exploitation desdits immeubles.

Moyennant le prix principal de *cent quarante mille francs*, PAYÉS COMPTANT ! dit l'acte.

La valeur vénale de ces immeubles est la suivante :

Nos		
I	Maison rue de Stora . . Fr.	50.000
II	Caves et constructions à Damrémont.	140.000
III	Maisons, dépendances et vignes.	70.000
IV	Vignes.	40.000
V	Vignes	40.000
VI	Vignes.	4.000
VII	Ecuries et remises au faubourg	30.000
VIII	Objets mobiliers, matériel et cheptel	40.000
	Total. . . . . Fr.	414.000

Au mois de septembre 1891, la Banque fit la récolte du vin, environ 4.000 hectolitres, ou au cours actuel, fr. 70.000 environ, mais M. R... ne fût pas appelé à en toucher le montant ; quand il le réclama, on lui dit qu'il faisait erreur, qu'on ne lui avait rien promis de ce chef.

La Banque l'avait tout simplement trompé,

comme elle trompe toujours ceux qui sont assez simples pour croire aux paroles de ses agents.

Au mois de décembre 1891, la Banque de l'Algérie, pensant que le moment était venu pour elle de réaliser les projets qu'elle avait formés sur les propriétés de M. R..., vendit à un de ses amis, M. Jules N..., une partie des immeubles si bien acquis, par acte reçu, Me Mahyeux, notaire à Philippeville, le 12 décembre 1891, transcrit au bureau des hypothèques de cette ville, sous le n 20, vol. 265.

Cette partie se compose des numéros :

Nos				
Nos	II	de Fr.	140.000	Ensemble Fr. 330.000
	III	—	70.000	
	IV	—	40.000	
	V	—	40.000	
	VIII	—	40.000	

qu'elle céda à son ami M. Jules N... pour la somme de *fr. 170.000 !*... payables en dix annuités, c'est-à-dire en neuf années, la première annuité ayant été versée au moment de la signature de la vente, avec intérêts à raison de 3 pour 100 l'an.

Il reste encore à la Banque les numéros :

Nos	I	de Fr.	50.000	Ensemble Fr. 84.000
	VI	—	4.000	
	VII	—	30.000	

Cette vente à M. N... a été faite sans la moindre publicité, on l'a tenue secrète tant qu'on a pu le faire ; il est évident que la Banque était tenue de donner à cette opération toute la publicité nécessaire, car elle avait promis à M. R... de lui verser en espèces la différence entre le prix d'achat et celui de la vente qui serait réalisé ; elle l'a encore une fois leurré, trompé, berné, et quand M. R... s'est présenté pour demander l'exécution des promesses, le directeur de la succursale lui a fait répondre qu'il ne le recevrait pas, qu'il n'avait rien à lui remettre, qu'il ne le connaissait pas.

La Banque a revendu à son ami N... 170.000 fr. une partie de ce qu'elle avait acheté 140.000, il lui reste encore 84.000 francs à réaliser.

On voit que M. N... a reçu de la Banque un cadeau royal, que ce pauvre R... a payé de quarante ans de travail, d'économies et d'intelligence.

Cette propriété ne coûtera pas un sou à M. N..., au contraire, il est en bénéfice par le fait seul de cette acquisition, preuve :

Dans dix ans, il aura récolté environ		Fr. 700.000
Il aura payé en capital Fr.	170.000	
Il aura payé en intérêts à 3 pour 100.	23.000	
Ensemble		193.000
Son bénéfice sera donc de Fr.		507.000
moins environ 200.000 francs de frais d'exploitation, ou net de. . . . . . Fr.		300.000

Mais, quels étaient donc les titres de M. N. à cette munificence de la part de la Banque? On sait que cet établissement n'est pas prodigue de ses bienfaits, et qu'il ne récompense que les hommes politiques qui partagent avec lui la *proie algérienne*.

Cette interrogation, cette réflexion, nous amènent forcément à cette conclusion: que la Banque de l'Algerie se recommande auprès des pouvoirs publics, pour l'obtention du renouvellement de privilége qu'elle sollicite avec tant d'acharnement, des vœux émis en faveur de ce renouvellement, par une partie des Chambres de commerce de la colonie. Or, la Chambre de commerce de Philippeville, — coïncidence probablement, — est justement présidée par le beau-frère de M. N. Cette Chambre de commerce est une de celles qui ont le plus énergiquement réclamé ce renouvellement.

On aurait pu espérer que vivant au milieu des ruines accumulées par la Banque, dans le pays qui est le plus spolié, étant le plus fertile et le mieux cultivé, la Chambre de commerce de Philippeville aurait eu la pudeur d'élever la voix en faveur de son pays. Il n'en a pas été ainsi, et aujourd'hui l'heure est arrivée pense-t-on à la Banque, de payer les services rendus, et tout le monde se dit à Philippeville: « la Banque a payé à M. N. le vœu de la Chambre de commerce de Philippeville, présidée par son beau- frère. »

On se rappelle ensuite qu'un autre beau-frère du susdit M. N. est un de, ces beaux messieurs, qui, du haut de leurs *mails coachs* lancés à toute vitesse, inspectent les domaines de la Banque et sulfatent quatre fois des vignes, dont les raisins avaient disparu, sous le mildew, avant l'application du premier sulfatage, mais qui rendent toutefois des services à la Banque, ceux tout au moins de lui signaler les colons à exproprier et les coups à faire, qu'ils ont pu relever dans leurs courses nombreuses et on se dit que les libéralités de la Banque s'expliquent ainsi.

Enfin, la Banque qui prête par ses Comptoirs d'escompte à un taux variant de 7 à 15 0/0, moyen le plus sûr d'accaparer le plus tôt la terre, prête à M. N. à raison de 3 0/0 l'an !

Cet abaissement du taux de l'escompte en faveur d'un ami de la Banque, fait unique dans les annales de cet établissement, si connu au contraire par son habitude de prêter à si gros intérêts, dérouterait toutes les recherches, si on n'avait l'explication de cette faveur insolite par ce qui précède.

Ce pauvre R. a payé les dettes de reconnaissance contractées par la Banque. Il était loin de s'attendre à un pareil résultat de quarante années de labeur incessant; il sait à présent, ce que ses voisins savaient déjà, ce qu'il en coûte aux colons Algériens d'avoir créé des exploitations sérieuses et d'avoir écouté les discours intéressés et fallacieux des agents de la Banque.

Sa spoliation est complète, sa ruine est achevée. Si encore R. avait un passé de paresse ou d'incapacité, la Banque pourrait y chercher une excuse; mais, c'est au contraire au colon le plus actif, le plus intelligent et le plus laborieux, c'est à l'Algérien le plus capable, le plus honnête et le plus loyal, c'est au cultivateur français donné en exemple à ses concitoyens par le gouvernement français, qui lui a décerné la décoration nationale du Mérite agricole, cette légion d'honneur des cultivateurs, que la Banque a fait, cette fois, payer ses dettes de reconnaissance !

Si c'est à cette sorte de colons que la Banque s'en prend, c'est que tous les autres sont morts de chagrin, ruinés et disparus.

La Banque a essayé de calomnier R., en faisant publier qu'elle agissait ainsi pour sauvegarder la morale ! La morale de M. Chiérico on le sait, celle des honnêtes gens ? jamais !

La Banque n'est qu impudente. L'impunité qui jusqu'à ce jour a protégé ses spoliations ne pourrait continuer à s'étendre sur ses actes, sans compromettre nos institutions les plus respectées, et bientôt sonnera pour les agents de la Banque l'heure du châtiment, pour les Algériens l'heure de la libération, pour les spoliés survivants, l'heure de la RESTITUTION.

Voici le portrait de R., esquissé dans le numéro du journal le *Colon* du 13 décembre 1891; il est ressemblant, et l'artiste qui l'a dessiné, Raoul d'Ouach, a eu la main heureuse. Il a fait preuve de tact, de talent et d'exactitude.

Depuis quarante et quelques années qu'il est à Philippeville, il n'y a pas une personne, quelle que soit la génération à laquelle elle appartienne, qui ne le connaisse.

Il a eu des hauts et des bas; nature fortement trempée, il ne s'est jamais laissé abattre; l'âge l'a fait plier, a donné de la courbe à l'épine dorsale; mais la voracité des uns, la cupidité des autres, n'ont su faire changer un caractère qui possède encore la jovialité et la bonne humeur de ses vingt-cinq ans.

Regardez-le, lorsque la pipe du côté gauche de la bouche, entre les dents qui semblent avoir été placées là tout exprès pour en maintenir le tuyau en équilibre, le chapeau de feutre mou, légèrement incliné sur le sourcil gauche, les deux mains derrière le dos, il remonte la rue Nationale de ce pas cadencé qui lui est particulier.

Remarquez cette chevelure poivresalée mais encore bien fournie, ce front aux rides profondément creusées; ah! celles-là certes ne sont point de celles qui font dire d'un homme: — s'il n'avait pas tant nocé!... — ces sourcils épais et broussailleux, ces petits yeux pétillants et pleins de malice, cette bouche toujours rieuse sous une moustache taillée en brosse; voyez cette tête portée en avant, ces jambes nerveuses, ces bras d'acier terminés par deux maîtresses mains que le cheval le plus fougueux n'a jamais pu faire céder; voyez-le cet ex-richard: c'est un honnête homme qui passe.

Il n'est ni polytechnicien, ni normalien, ni rhétoricien,

il n'est même pas député, pas même décoré, mais il a un passé d'honorabilité que ne sauraient faire pâlir les parchemins les plus blasonnés, les titres les plus pompeux.

Tour à tour, boulanger, maître de roulage, entraîneur par goût personnel, aussi par obligeance pour ses amis; devenu grand propriétaire, à la tête d'un des plus importants vignobles de la contrée, il voit tout s'effondrer autour de lui; on l'a laissé nu; sa bourse est allégée, mais son esprit, sa ténacité, son désir d'être quand même quelque chose, ne sont pas alourdis; il bûche encore, il n'est pas de ceux qui ont un poil dans la main.

Avais-je besoin de dire tout cela pour qu'on la reconnaisse, cette victime; ne sait-on pas qu'il y a peu de jours encore, la totalité d'une fortune amassée à la suite de labeurs incessants, passait des mains de l'administration qui a nom BANQUE DE SPOLIATION dans celles d'un nouveau propriétaire.

Aussi bien, l'éloge semble-t-il banal quand on veut égaler la louange au mérite, et, vaut-il mieux laisser aux faits eux-mêmes l'apologie des actes et des hommes qui les accomplissent

Mais ce qu'on ne vous empêchera pas de dire, vous qui l'avez vu à l'œuvre, ce qu'on ne m'obligera pas à taire, moi qui sais qui il est, moi qui n'ignore point combien d'autres comme lui avaient mérité un autre sort, c'est que sa vie, la leur, ont été toute d'honneur, de travail et de dévouement, et que ces mains qui ont tout tenté de ce qui est bien et loyal, pour arriver à des situations que devaient faire sombrer les suppôts de l'enfer, peuvent sans honte se tendre vers tous ceux qui ont la mémoire du cœur; car ces vaincus d'un jour sont bien de ceux desquels on peut dire :

Labor improbus omniat vincit.

Le 1er janvier 1892, M. R... écrivit à M. Chiérico ainsi qu'à M. Rouget, reprochant à ces personnages de l'avoir trompé, et leur faisant part de sa résolution de demander justice aux pouvoirs publics. Voici les réponses que firent ces financiers à son suprême appel :

BANQUE DE L'ALGÉRIE — Alger, le 4 janvier 1892.

—

Cabinet du Directeur

—

Monsieur,

Je n'ai pas coutume de répondre aux injures et encore moins de m'incliner devant des menaces.

Je ne vois aucun inconvénient à ce que vous dressiez un dossier pour être envoyé à qui bon vous semblera. — Je regrette seulement que vous n'*ayiez* (sic) pas davantage conscience de ce qu'a fait pour vous la Banque et de l'aide qu'elle vous a donnée généreusement et sans y être nullement tenue.

Agréez, monsieur, l'assurance de ma considération distinguée.

Signé : F. NELSON-CHIÉRICO.

A Monsieur R..., négociant, Philippeville.

BANQUE DE L'ALGÉRIE — Philippeville, 5 janvier 1892.

—

Monsieur,

A ma rentrée de voyage, je trouve votre lettre du 1er de ce mois.

Dans votre situation comme dans toutes celles dont j'ai eu charge, je me suis efforcé d'aboutir, en toute humanité, à une solution des intérêts en cause.

Sur mes démarches pressantes, mon administration centrale a bien voulu me permettre de conduire les événements dans ce sens.

J'ajoute que, malgré vos erreurs, exagérations et animosités à mon encontre, je ne regrette rien dans ma conduite à votre égard.

Agréez, monsieur, l'expression de mes sentiments très distingués.

Signé : ROUGET.

A Monsieur J.-B. R..., à Philippeville.

Vraiment on se demande où ces gens-là ont l'esprit. Ils prennent tout à une famille, ils la jettent à la mer. après l'avoir ruinée, et sûrs de leur conscience, ils se reposent dans la paix du Seigneur!

Mais ils oublient donc, tout occupés qu'ils sont de suivre leurs affaires véreuses, qu'il existe en France un **Code civil**, dont les articles *1674, 1675 et suivants*, ont pour but de ramener les choses en état et de faire annuler les spoliations du genre de celles que je signale dans cet ouvrage.

En effet, aux termes de l'article 1674, il est dit :

Si le vendeur a été lésé de plus des sept douzièmes dans le prix d'un immeuble, il a le droit de demander la rescision de la vente, quand même il aurait expressément renoncé dans le contrat, à la faculté de demander cette rescision et qu'il aurait déclaré donner la plus-value.

Or tous les malheureux expropriés n'ont cessé de protester contre les agissements de la Banque de l'Algérie, et contre les menées frauduleuses de ses agents.

Je leur rappelle ici, qu'ils n'ont que deux ans pour se pourvoir, à compter du jour de la vente, art. 1676, Code civil.

Il serait vraiment trop commode de pouvoir détrousser ainsi les gens, et de leur prendre, moyennant 140,000 francs, ce qui en vaut au minimum 414,000 !

Quoi qu'il en soit, malgré cette protection de la loi, comme ces individus sont des êtres dangereux, il est indispensable de prendre contre eux des précautions, car ils ont perdu toute notion de sens moral, d'équité et de justice.

L'opinion est faite à présent sur les agissements de la Banque de l'Algérie.

Au nom de l'honneur de la France, atteint par suite des actions répréhensibles et punissables de la Banque privilégiée, il est essentiel, il faut que justice soit enfin rendue.

Il faut que les accapareurs éhontés soient punis avec toutes les rigueurs des lois.

Il faut que les colons, il faut que ceux qui sont venus s'abriter dans ce pays à l'ombre du drapeau de la France, il faut que tous ces malheureux spoliés, qui subsistent encore, se voient restituer les fortunes si péniblement acquises, qu'on leur a systématiquement dérobées.

La Banque de l'Algérie, au moyen des billets de Banque qui ne lui coûtent rien, a accaparé la terre, la seule chose au monde qui ait de la valeur, elle a fait le vide autour d'elle, elle a créé le désert.

Le moment est venu de repeupler ces déserts, de combler ces vides dans l'établissement français en Afrique, de réintégrer sur leurs terres les anciens propriétaires dépossédés ou leurs descendants, de leur restituer les fortunes volées.

DÉLIVRANCE, RESTITUTION !

Ces deux mots, qui disent tant de choses, sont l'expression exacte de ce qui reste à faire.

Et ce sera justice.

XII

LES FAUX DE LA BANQUE DE L'ALGÉRIE

Un M. X..., arbitre de commerce à Philippeville, avait eu l'occasion d'apercevoir, dans une faillite dont il était alors le syndic, un des nombreux « tripotages », — ils ne se comptent plus, — que commet journellement la Banque de l'Algérie.

Il avait été nommé par le tribunal de commerce de Philippeville aux fonctions de syndic provisoire, par jugement en date du 18 octobre 1890.

Ces fonctions l'obligeaient à établir la position probable du failli, qui était en fuite, et n'avait pas laissé de comptabilité.

Au cours de ses recherches, rendues difficiles par la disparition de la seule personne qui pouvait l'aider de ses renseignements, apprenant du bureau des hypothèques, auquel il s'était d'abord adressé, qu'un acte avait été passé, en période suspecte, en l'étude d'un notaire de la localité ; acte qui conférait un privilége à la Banque de l'Algérie pour une somme considérable, *quarante-*

cinq mille francs, il voulut savoir, — c'était son droit, en même temps que c'était son devoir, — ce qu'on avait fait de l'argent qui avait motivé cet acte notarié.

Deux personnes dignes de foi avaient vu la « grosse » dudit acte, entre les mains du directeur de la succursale de la Banque, auquel elle avait été délivrée ; le susdit directeur la leur avait même montrée.

Il avait toute qualité pour obtenir l'expédition de ce contrat, qui avait été grossoyé, qu'il avait le plus grand intérêt à connaître.

Il écrivit donc, *ès-qualité*, au notaire en l'étude duquel l'acte d'emprunt avait été passé la lettre suivante :

CABINET
de X...
Arbitre de Commerce
—
Faillite
François di *Costanzo*
—

Philippeville, le 22 octobre 1890.

Monsieur Mahyeux, notaire
à Philippeville.

J'ai l'honneur de vous prier, en ma qualité de syndic provisoire de la faillite du sieur François di Costanzo, de vouloir bien me délivrer une expédition de l'acte intervenu en votre étude, en septembre dernier, entre di Costanzo, François, et la Banque de l'Algérie.

Veuillez agréer, Monsieur, mes salutations empressées.

X...

Le notaire ne crut pas devoir délivrer l'expédition qu'on lui demandait, mais il donna immédiatement à la Banque communication de la lettre, que le syndic venait de lui adresser.

Voilà donc la succursale inquiète ; son directeur voyait qu'on cherchait à savoir où « l'argent était passé », et comme il n'avait pas la conscience très nette à cet égard, il imagina, pour se débarrasser d'une personnalité gênante une petite machination qui n'a pas réussi, mais qui ne manque cependant pas d'un certain aplomb.

Aux termes de la loi des faillites, les créanciers doivent être consultés dans la quinzaine du jugement déclaratif, et donner leur avis sur le remplacement ou sur le maintien en fonctions des syndics provisoires.

Le 3 novembre, une réunion des créanciers de ladite faillite avait lieu, sous la présidence de M. le juge commissaire, afin de satisfaire à la loi.

La Banque intervint en la personne de l'un de ses agents, qui essaya d'abord de disqualifier le syndic à cette réunion, à la suite de laquelle ce dernier envoya le jour même, au directeur général de la Banque, la lettre explicative que je copie ici :

X... Philippeville, le 3 novembre 1890.
Arbi re de Commerce

—

Monsieur Nelson-Chiérico,
directeur de la Banque de l'Algérie,
Alger.

Monsieur le directeur,

Je me trouve dans l'obligation de vous entretenir d'un fait personnel.

Je suis depuis plusieurs années employé par les tribunaux de Constantine et de Philippeville, qui me confient des expertises, des liquidations judiciaires, ainsi que des faillites.

M'étant toujours efforcé de justifier de la confiance que juges et créanciers m'avaient témoignée je me croyais à l'abri des critiques de la Banque.

Le 18 octobre dernier, le tribunal de Philippeville m'a nommé syndic provisoire dans une faillite *di Costanzo*.

Les créanciers de cette faillite étaient aujourd'hui réunis au nombre de quatorze, en vertu de l'article 462 du Code de commerce.

Le premier créancier consulté sur mon maintien ou sur mon remplacement fut la Banque de l'Algérie, représentée à cette réunion par M. Mariel, employé à la succursale.

Votre agent déclara, **au nom de la Banque,** demander mon remplacement, il entraîna avec lui trois autres créanciers; mais ceux qui restaient, les dix autres, demandèrent énergiquement mon maintien; ce que voyant, les trois que votre employé avait entraînés déclarèrent en audience qu'ils revenaient sur leur première expression, et désiraient aussi mon maintien.

Votre agent fut le seul, sur quatorze créanciers, à soutenir une opinion qu'il lui était pourtant si facile de garder pour lui, en s'abstenant; et j'ai été la cause involontaire d'un échec pour la Banque de l'Algérie, au nom de laquelle M. Mariel s'exprimait.

Il y a dans ce fait un acte dont la gravité ne vous échappera certainement pas. On n'agit, comme M. Mariel vient de le faire à mon égard, qu'avec des gens malhonnêtes. Il n'est pas présumable qu'il agisse ainsi d'après vos ordres et j'ai pensé qu'il vous suffirait de connaître ce fait, *parmi bien d'autres que je garde encore pour moi*, pour me faire rendre, au nom de la Banque, qui a été mise en cause, la réparation morale à laquelle tout honnête homme a droit en pareil cas.

X...
Arbitre de commerce.

A la lecture de ce document, on est porté à croire que M. Chiérico s'est empressé de répondre à cette lettre. C'est ne pas le connaître !

M. Chiérico ne peut cependant prétexter que cette lettre ne lui est pas parvenue, car l'écrivain avait pris ses précautions.

Désireux que le destinataire ne puisse un jour, *car tout vient a point*, alléguer de l'ignorance de cette correspondance, il la lui avait expédiée, d'abord en duplicata, et par courriers différents. Puis, ayant appris, quelques jours après, qu'il était de passage à Philippeville, *il était allé lui-même* remettre sous une enveloppe à son adresse, à l'hôtel où il était descendu, la copie de cette lettre.

Non seulement aucune réponse ne lui est parvenue, mais M. Mariel a été quelques jours après l'objet d'une gratification. Il est supposable que cet agent a reçu en même temps des félicitations de ses chefs, pour sa brillante conduite et le beau résultat obtenu à cette réunion des créanciers!

Pourquoi la Banque de l'Algérie a-t-elle envoyé un de ses employés pour essayer d'obtenir le remplacement de M. X... par un autre syndic, qu'elle espérait devoir être plus *aimable?*

C'est certainement parce qu'elle entrevoyait toutes les conséquences du « faux », dont M. X... se doutait alors, dont il fut assuré bientôt après, *faux* qui motiva le jugement du tribunal de commerce de Philippeville, du 2 mai 1891.

La reproduction de ce jugement tiendra lieu de toutes les explications. Le voici donc dans son entier, extrait de la *Gazette des Tribunaux*, Journal de Constantine, n° du 1er juin 1891 :

TRIBUNAL CIVIL DE PHILIPPEVILLE

Présidence de M. Billiet

Audience du 2 mai 1891

SYNDIC X... CONTRE LA BANQUE DE L'ALGÉRIE

Par acte passé devant Me Mayeux, notaire à Philippeville, le 10 septembre 1890, un sieur François di Costanzo, ancien commerçant, demeurant à Philippeville, se reconnaissait débiteur de la Banque de l'Algérie d'une somme de 45,000 francs. Cette somme prêtée par la Banque resta entre les mains du notaire ; partie de cette somme devait servir à désintéresser les époux Chiarelli d'un prix de vente a eux dû.

Le notaire crut devoir payer à la Banque de l'Algérie avec les fonds dont il était dépositaire une somme de 18,000 fr. montant de deux billets souscrits les 2 mai et 1er juin 1890 à échéances des 5 août et 5 septembre suivant. Le même notaire paya deux autres valeurs d'ensemble 2,000 francs à un sieur Fossa.

Ces payements avaient eu lieu les 15 et 16 octobre 1890 : or le sieur di Costanzo avait été déclaré en faillite par jugement du 18 octobre 1890 et par un autre jugement du 15 novembre suivant, la date de la cessation des paiements de di Costanzo avait été reportée au 21 août.

Le 13 octobre 1890, c'est-à-dire quelques jours avant les paiements faits par le notaire, toutes les facultés mobilières de di Costanzo avaient été saisies.

En conséquence, le sieur X..., syndic définitif de la faillite du sieur di Costanzo, fit donner assignation à la Banque de l'Algérie à comparaître le 14 mars 1891, par devant le tribunal de Philippeville pour voir déclarer nuls et inopposables à la masse des créanciers de la faillite di Costanzo, les paiements faits après la cessation des paiements de di Costanzo, la saisie de ses biens; et s'entendre condamner à rapporter à la masse la somme de 20,000 francs par application des articles 446 et 447 du Code de commerce.

Le tribunal,

Attendu que par exploit de Ceddaha huissier, à Philippeville, en date du 12 mars 1891, enregistré, le demandeur a fait assigner la défenderesse en nullité des paiements faits à la Banque de l'Algérie les 15 et 16 octobre 1890 par Mᵉ Mahyeux, notaire, de la somme de 20,000 francs dont elle était créancière de di Costanzo, et ce, par application de l'article 446 du Code de commerce, et en tous cas de l'article 447 du même Code, lesdits paiements ayant été faits ensuite d'un concert dolosif, après la cessation des paiements de di Costanzo, la saisie de ses biens, son action en déclaration de faillite, et en parfaite connaissance de cette situation.

En conséquence, s'entendre condamner par toutes les voies de droit à rapporter à la masse des créancies la somme précitée de 20,000 francs et par suite de la payer à X..., ès-qualités, avec les intérêts au taux légal à partir du 16 octobre date de l'indue perception, et en tous les dépens, et sous toutes réserves, notamment de tous droits et actions à l'encontre de Mᵉ Mahyeux.

Attendu que par acte reçu le 22 avril 1887, par Mᵉ Schelbaum, alors notaire à Philippeville, di Costanzo s'est reconnu débiteur envers Louis Fossa d'une somme de 12,000 francs productive d'intérêts au taux de 6 0/0 et garantie par une hypothèque sur trois immeubles appartenant à l'emprunteur et situés les deux premiers à l'Oued-Goudi et le troisième à l'Oued-el-Ouach.

Qu'en vertu de cette affectation hypothécaire, inscription a été prise au bureau des hypothèques de Phllippeville, le 15 juin 1887, Note 107 C. 183; qu'il a été stipulé, en outre, que pour faciliter à M. Fossa la libre disposition de la somme de 12,000 francs il a été convenu que di Costanzo signerait et souscrirait à l'ordre de Fossa un ou plusieurs billets jusqu'à concurrence de la somme due à échéance de 90 jours successivement renouvable jusqu'au remboursement du capital.

Attendu que ces valeurs souscrites, renouvelées et augmentées sans doute du montant des intérêts accumulés et frais ont atteint la somme de 18,000 francs représentée par deux billets, l'un de 12,500 francs à échéance du 5 août 1890 et l'autre à échéance du 5 septembre suivant et dont la Banque est tiers-porteur.

Attendu, d'autre part, que par acte reçu par Me Mahyeux, notaire à Philippeville, le 10 septembre 1891, la Banque de l'Algérie aurait fait à di Costanzo un prêt de 45,000 francs dont le remboursement est garanti par une affectation hypothécaire sur les trois immeubles désignés ci-dessus.

Attendu que sur le livre tenu par Me Mahyeux, en exécution de l'ordonnance du 30 décembre 1842, il est constaté que sur ladite somme de 45,000 francs, 20,000 ont été laissés entre les mains du notaire pour payer le montant des billets dont la Banque est tiers-porteur.

Attendu que par un autre acte reçu par le même notaire, à la même date, soit le 10 septembre 1890, Fossa, agissant en qualité de tuteur de Louis Fossa, donne quittance à di Costanzo de la somme de 12,000 francs résultant de l'obligation du 22 avril 1887.

Attendu que cette quittance constate que Fossa ne reçoit à la vue du notaire que 2,000 francs, le surplus ayant été touché hors la vue du notaire et dès avant ce jour, que l'on ne comprend donc pas que le notaire ait consigné sur son registre et que la Banque soutienne que 20,000 francs aient été réservés le 10 septembre 1890 pour rembourser le montant des billets dont la Banque était porteur et qui ont été souscrits par di Costanzo à Fosse en exécution du contrat du 22 avril 1887.

Attendu, enfin, qu'il est allégué par X. et non contesté par la Banque que les 2,000 francs que Fossa déclare avoir reçus à la vue du notaire, ont été en réalité retirés des mains de ce dernier par Lauzat et déposés à la Caisse des dépôts, bien que le dit Lauzat, séquestre chargé de gérer et administrer les immeubles de Fossa, n'ait pas qualité pour disposer des sommes appartenant à ce dernier.

Attendu que de l'ensemble des circonstances et faits de la cause, tels qu'ils viennent d'être exposés et tels qu'ils résultent des actes produits, « *il appert que la* « *Banque de l'Algérie s'est livrée à des opérations* « *fictives, en simulant un prêt de 20.000 francs et le* « *remboursement de la créance de 12.000 francs de* « *Fossa, afin de garantir par une hypothèque le paie-* « *ment des billets dont elle était tiers-porteur et de* « *faire disparaître celle qui la primait, inscrite le* « *15 juin 1887.* »

Attendu que, dans ces conditions, il n'y a pas lieu d'ordonner le rapport à la masse de la somme de 20.000 francs qui n'est jamais entré dans la caisse de di Costanzo, qui n'a jamais fait partie de son actif, mais qu'il doit être fait droit à la demande implicitement contenue dans les conclusions de X..., ès-qualités qui, s'appuyant sur l'article 446 du Code de commerce, doit être considéré comme poursuivant l'annulation de l'acte reçu par Me Mahyeux, le 10 septembre 1890.

Attendu, en effet, que l'hypothèque constituée en apparence pour garantir une ouverture de crédit, mais destinée en réalité à assurer le paiement de billets souscrits par le crédité dont le créancier est porteur, est nulle en cas de faillite du crédité, si l'acte de constitution est postérieur à l'époque fixée comme étant celle de la cessation du paiement (Règlement du 17 mars 1873).

Attendu que l'acte de constitution est à la date du 10 septembre 1890, que la faillite de di Costanzo a été reportée au 26 août, que l'espèce est donc bien celle prévue par l'article 446 *in fine*.

Par ces motifs :

Le tribunal annule l'acte reçu par Me Mahyeux, notaire, le 10 septembre 1890, déclare par conséquent nulles les conséquences dudit acte en ce qui concerne l'affectation hypothécaire destinée à garantir le remboursement des 20.000 francs, représentant les billets dont la Banque est tiers-porteur ; dit que, sur le vu du présent, le conservateur des hypothèques de Philippeville procèdera à la radiation des inscriptions prises le 19 septembre 1890, dit qu'il n'y a pas lieu de statuer en ce qui concerne la somme de 2.000 francs versée par Lauzat à la Caisse des dépôts et consignations.

Condamne la Banque de l'Algérie aux dépens.

MMes VELLARD, pour X... ès-qualités.
BORDES, pour la Banque de l'Algérie.

M. Henri Finat, rédacteur en chef du *Colon* de Philippeville, a déjà signalé les considérants de ce jugement, à la Commission d'études, dans l'article qui suit :

Il se passe vraiment d'étranges choses à la succursale de la Banque de l'Algérie à Philippeville depuis que M. Rouget en a pris la direction.

D'abord, est-ce bien une succursale de cet établissement de crédit? Beaucoup, et non sans quelque apparence de raison, en doutent, se basant, pour justifier leur opinion, sur ce que les procédés employés par le directeur tiennent plutôt de ceux de Mary Raynaud et autres banquiers célèbres que d'une administration placée sous la tutelle de l'Etat.

Il est de fait que si, pour attirer colons et commerçants chez elle, la direction de Philippeville ne fait pas miroiter à leurs yeux d'alléchants intérêts, elle ne les en dépouille pas moins au bout de peu de temps de tout ce qu'ils possèdent, tout comme les honorables banquiers dont les journaux enregistrent chaque jour la fuite vers les rives brumeuses de la Tamise ou de l'Escaut.

Encore les malheureux à qui ces braves gens ont subtilisé leur avoir ne peuvent-ils se plaindre qu'on les ait violentés: on s'est tout bonnement contenté de ne pas leur rendre, quand ils l'ont réclamé, l'argent qu'ils avaient naïvement déposé, et le tour a été joué.

Mais à la succursale de Philippeville, tudieu, c'est bien autre chose. Son directeur étant fonctionnaire nommé par le ministre, certain par conséquent de l'impunité, peut se permettre l'emploi de moyens qui, s'ils conduiraient en correctionnelle les simples particuliers qui voudraient s'en servir, mettent néanmoins une fois de plus en relief les remarquables aptitudes que possède M. Rouget pour rançonner les gens.

Nous avons analysé ces moyens dans les articles nombreux et documentés que nous avons publiés en décembre et janvier derniers, quand nous avons parlé du chantage et de l'intimidation auxquels cet établissement ne cesse de se livrer sur presque tous ceux que leurs opérations obligent à recourir à son crédit.

Nous avons montré comment par l'intimidation, la Banque frustre couramment les commerçants de ce qui leur est dû par un débiteur commun sur le point de sombrer, en les forçant, sous peine de se voir refuser leur papier à l'escompte, à ne pas le poursuivre ou faire protester, ce qui permet à la Banque de s'emparer aussitôt avant protêt et par conventions notariées, de tout l'avoir de ce débiteur, qu'elle abandonne ensuite à ses autres créanciers quand elle lui a tout pris.

Quant au chantage, on sait par les affaires G... et autres, que nous avons, en leur temps, racontées, comment le directeur de la succursale le pratique. C'est sans contredit un des maîtres chanteurs les plus accomplis que nous connaissions.

Mais il est un troisième moyen quelque opinion que nous ayons de ce triste fonctionnaire, que nous ne l'aurions jamais cru capable d'employer : c'est le *faux*.

Et nous avouons que nous nous refuserions à croire à ces *faux* s'ils n'étaient constatés dans l'attendu suivant d'un jugement récemment rendu par notre tribunal et que nous avons publié en entier dans notre dernier numéro.

« Attendu, dit, en effet, ce jugement que de l'ensemble des circonstances et faits de la cause, tels qu'ils viennent d'être exposés et tels qu'ils résultent des actes produits, **il appert que la Banque de l'Algérie s'est livrée à des opérations fictives, en simulant un prêt de 20.000 francs et remboursement de la créance de 12 mille francs de Fossa afin de garantir par une hypothèque le paiement des billets dont elle était tiers-porteur et de faire disparaître celle qui la primait inscrite le 15 juin 1887.** »

On voit que cet attendu sévère ne prête pas à la moindre ambiguïté.

Ainsi donc la menace et le chantage ne suffisant pas au directeur de la succursale pour dépouiller et ruiner d'honorables commerçants et colons, c'est à la fabrication de documents faux qu'il a recours pour arriver à ses fins quand les deux premiers moyens ne lui ont pas réussi.

Le *chantage*, l'*intimidation* et le *faux* élevés par ce fonctionnaire à la hauteur d'une institution... de crédit! C'est vraiment du propre.

Nous continuons toujours à ignorer ce que pense M. Nelson-Chiérico des scandaleux agissements de son subordonné, l'honorable directeur général n'ayant pas répondu à la demande d'enquête, que, il y a six mois, nous lui avions respectueusement adressée au nom de toute une population terrorisée par les exploits de M. Rouget. Aussi ne nous en voudra-t-il pas si nous dédions aujourd'hui cet article à la Commission sénatoriale d'études, à la disposition de qui nous nous tenons pour tous les renseignements dont elle aura besoin.

Si les créanciers du failli di Costanzo, subissant l'influence des exhortations que M. Mariel leur avait adressées, au moment qui précéda la réunion du 3 novembre, obéissant au signal qu'il leur donnait, avaient demandé à la majorité le remplacement de M. X., le tribunal le leur aurait probablement accordé; ou bien, ne se sentant pas appuyé de leur confiance, le syndic se serait volontairement retiré. Et la Banque de l'Algérie aurait peut-être triomphé encore une fois dans ses combinaisous.

Et il a fallu que les créanciers aient du courage pour manifester leur opinion. M. Mariel s'était à dessein posté au dernier banc; il avait sous ses yeux tous les manifestants ; et ces derniers avaient toutes les chances de payer, lors de la présentation future de leurs bordereaux à la Banque, le désagrément d'avoir contribüé à l'échec de la manœuvre que je viens de signaler.

On ne se figure pas toutes les ressources dont profitent les agents de la Banque, en se plaçant au dernier banc lors des réunions de faillites ; les pauvres créanciers n'osent plus rien dire et votent comme un seul homme sur l'indication du *pion* qui les surveille.

Seulement, je ne sais pas si M. Fossa, qui a été contraint par la Banque à signer la simulation du remboursement de sa créance hypothécaire de douze mille francs, afin de faire garantir les billets dont la Banque était tiers-porteur et de faire ainsi disparaître *celle qui la primait*, a lieu de se féliciter du résultat de cette opération.

Car, enfin, M. Fossa n'est plus créancier hypothécaire, puisqu'il avait donné quittance de l'inscription du 15 juin 1887 !

Il espère peut-être que la Banque lui tiendra compte un jour, dans ce monde ou dans l'autre, de ses bonnes intentions ! Qu'il conserve ses illusions !

Et la Banque de l'Algérie qui a accepté ce jugement dont il lui était pourtant facile d'appeler !

Elle plane, je le sais, au-dessus de ces questions d'honnêteté vulgaire qui sont sans doute à ses yeux l'apanage des petites gens.

Par la lecture de ce qui va suivre, on verra que la Banque de l'Algérie est fertile en inventions et sait au besoin varier ses plaisirs; tous les faux lui sont bons.

Par acte passé devant Mᵉ Schelbaum, notaire à Philippeville, le 26 décembre 1880, les époux P... avaient emprunté d'un sieur D... la somme de 5.000 francs garantie par des immeubles situés à Sidi Mesrich et à l'Oued-Louach.

En vertu de cet acte il fût pris inscription au bureau des hypothèques de Philippeville, le 6 janvier 1881, dans les termes suivants :

Extrait du registre d'inscription de privilèges et d'hypothèques du bureau de Philippeville.

Vol. 79 n° 55

Du six janvier mil huit cent quatre-vingt un, inscription d'hypothèque conventionnelle et légale est requise au bureau des hypothèques de Philippeville au profit de M. D... contre M. P... et son épouse, débiteurs solidaires en vertu d'un acte contenant obligation pour prêt passé devant Mᵉ Schelbaum, notaire à Philippeville, le vingt-six décembre 1880, enregistré, pour sûreté:

1° De la somme principale de cinq mille francs montant de ladite obligation stipulée exigible et remboursable le premier octobre 1885.

2° Des intérêts dont la loi conserve le rang, mémoire.

3° Et de tous frais de mise à exécution et autres s'il y avait lieu, indéterminés : 1° contre M. et Mᵐᵉ P... débiteurs conjointement de l'hypothèque conventionnelle consentie sur : 1° une pièce de terre de la contenance de 4 hectares 67 ares 48 centiares (suit la désignation) située à l'Oued Louach; 2° et une propriété sise sur le territoire de Sidi Mesrich, commune de Robertville, arrondissement de Philippeville, d'une contenance de 37 hectares 80 ares 40 centiares (suit la désignation); 2° contre M. P... co-débiteur seul de l'hypothèque légale qui compète à Mme P... sur les immeubles ci-dessus décrits, en vertu de quelques titres et pour quelque cause que ce soit, hypothèque que jusqu'à concurrence de la créance susrelatée, celle-ci a cédé avec toute priorité et préférence à M. le requérant en vertu de l'acte précité.

Le conservateur,
Signé : A. DE LABORIE.

Délivré à M. X... sur sa réquisition.

Philippeville, le vingt-trois juin mil huit cent quatre-vingt-onze.

Le conservateur,
Signé : MUTINOT.

Cette inscription a été renouvelée le neuf septembre 1884, comme suit :

Extrait du registre d'inscription de privilèges et d'hypothèques du bureau de Philippeville.

Vol. 94 n° 33

Du neuf septembre mil huit cent quatre-vingt quatre, inscription d'hypothèque conventionnelle légale est requise au bureau des hypothèques de Philippeville pour valoir tant à sa date comme inscription nouvelle qu'en renouvellement de celle prise au même bureau le six janvier 1881, vol. 79 n° 55, au profit de M. D... contre : 1° feu M. P... et Mme P... sa veuve survivante; 2° les héritiers et représentants du sieur P... qui sont X. X. X. ses trois enfants; 3° et encore contre tous tiers détenteurs de l'immeuble décrit sous le paragraphe 1 de l'affectation, débiteurs solidaires en vertu d'un acte contenant obligation pour prêt passé devant Me Schelbaum, notaire à Philippeville, le vingt-six décembre 1880, enregistré; pour sûreté: 1° de la somme principale de cinq mille francs montant de ladite obligation stipulée exigible et remboursable le premier octobre 1885; 2° des intérêts dont la loi conserve le rang; 3° et de tous frais de mise à exécution et autres s'il y avait lieu. Contre les héritiers et la succession de feu P... et la veuve de ce dernier, tous débiteurs conjointement de l'hypothèque conventionnelle consentie sur: 1° la propriété de l'Oued-Louach (suit la désignation); 2° la propriété de Sidi-Mesrich (suit la désignation); B, contre les héritiers du défunt sieur P... codébiteur de l'hypothèque légale qui compète à Mme P... sur les immeubles ci-dessus décrits à quelques titres et pour quelque cause que ce soit hypothèque que jusqu'à concurrence de la créance sus-relatée celle-ci a cédé à M. le requérant aux termes de l'acte précité.

Le conservateur,
Signé : A. DE LABORIE.

Délivré à M. X... sur sa réquisition.

Philippeville, le vingt-sept juin mil huit cent quatre-vingt-onze.

Le conservateur,
Signé : MUTINOT.

Par acte du quinze septembre 1886, reçu de Me Schelbaum, notaire à Philippeville, M. D..., désintéressé, consentit radiation définitive de ces inscriptions avec désistement de tous ses droits hypothécaires, à la suite du paiement qui lui fut fait de la totalité de sa créance, et on lit en marge de l'inscription Vol. 94, n° 33, la mention suivante:

Radiation définitive. — Du quatorze décembre, 1886 radié définitivement l'inscription ci-contre en vertu d'un acte portant désistement et main levée reçu par Me Schelbaum, notaire à Philippeville, le quinze décembre 1886.

Le conservateur,
Signé : A. DE LABORIE.

Donc, en vertu de cette main-levée, l'inscription volume 94 n° 33, qui renouvelait l'inscription volume 79 n° 55, fut radiée définitivement, et par conséquent les effets de l'inscription volume 79 n° 55 étaient également radiés.

Par une omission, cette mention de radiation n'a pas été mise en marge de l'inscription volume 79 n° 55.

La Banque de l'Algérie, *qui a des limiers chargés de la renseigner sur les coups à faire*, ne tarda pas à être informée de cette irrégularité, et comme avec son organisation parfaite de spoliation légale, elle se croyait à l'abri de toute revendication future, elle se garda bien de négliger cette excellente occasion, pensait-elle, de s'emparer sans bourse délier du bien qu'autrui pensait posséder tranquillement.

Profitant de cette omission, la Banque de l'Algérie, j'ignore par quels moyens, a amené

M. D... à la subroger, suivant acte du 18 juin 1890, dans le bénéfice de cette inscription, *dont les causes avaient été éteintes* par suite du remboursement du 15 septembre 1886, et de la radiation définitive du 14 décembre 1886. Et cette subrogation, passée en l'étude de Mᵉ Mahyeux, notaire, le 18 juin 1890, est écrite en marge de l'inscription volume 79 n° 55, par mention en date du 1er juillet 1890.

La voici :

Extrait du registre d'inscription de privilège d'hypothèques du bureau de Philippeville.

Volume 79 n° 55.

Subrogation.—Du premier juillet mil huit cent quatre-vingt-dix, suivant quittance subrogative reçue par Mᵉ Mahyeux, notaire à Philippeville, le dix-huit juin 1890, la Banque de l'Algérie, société anonyme ayant son siège à Alger, pour laquelle domicile est élu en la demeure de M. Rouget, directeur de la succursale à Philippeville, a été subrogée dans l'entier effet de l'inscription ci-contre au créancier y dénommé.

Le conservateur,
Signé : MUTINOT.

Radiation partielle. — Du six janvier 1891, radié l'inscription ci-contre en vertu du procès-verbal *d'ordre* clos au greffe du tribunal civil de Philippeville, le dix-huit décembre 1890, mais seulement : 1° jusqu'à concurrence de la somme de dix mille deux cent cinquante-huit francs seize centimes, montant en principal et intérêts de la confusion constatée en la personne de la Banque de l'Algérie dénommée en la deuxième mention de subrogation ci-contre, et de celle volume 83 n° 127, volume

94 n° 32 et volume 94 n° 36; 2° et en ce qu'elle grève une propriété sise à Sidi-Mesrich adjugée à ladite Banque de l'Algérie suivant jugement rendu par le tribunal civil de Philippeville, le vingt-six décembre 1889, transcrit le vingt-neuf septembre 1890, volume 252 n° 24, son effet étant expressément réservé sur tous autres immeubles qu'elle peut grever pour sûreté de toutes sommes restant dues.

Le conservateur,
Signé : MUTINOT.

La Banque a donc produit dans un premier ordre ouvert sur les immeubles de Sidi-Mesrich, elle s'est fait colloquer en vertu de ses prétendus droits hypothécaires volume 79 n° 55, sur ces immeubles, et elle a été colloquée, parce que M. le juge aux ordres ignorait que l'inscription volume 79 n° 55 de 1881, qu'il avait sous les yeux, qu'on lui montrait, en marge de laquelle il ne trouvait qu'une subrogation de 1890 au profit de la Banque, avait été annulée en 1884, et remplacée par l'inscription volume 94 n° 33, qui avait été radiée définitivement le 14 décembre 1886.

La Banque, par une manœuvre et des complicités dont le compte sera un jour demandé, s'est trouvée créancière hypothécaire d'une somme de cinq mille francs, qu'elle n'a pas payée, et ce antérieurement, et au préjudice d'autres créanciers hypothécaires, qui ne se doutent pas encore de la façon dont ils ont été *précédés*.

Et afin de démontrer l'exactitude absolue de ce que j'avance ici, je vais prouver que D... avait été payé : — Les époux P. avaient vendu leurs immeubles de l'Oued-Louach aux consorts di C... par acte reçu de Me Schelbaum, du 31 août 1881. Par cet acte, les vendeurs chargent leurs acquéreurs de payer en leur acquit les cinq mille francs qu'ils devaient à D... ; à partir de ce moment, D... touche les intérêts de ce placement, directement des acquéreurs, les consorts di C...; D... a été remboursé plus tard, avec des fonds que les consorts di C... ont emprunté de Paul D., par obligation du 12 avril 1885.

C'est à la suite de ce remboursement que D... a donné le 15 septembre 1886, la main levée définitive et le désistement complet de ses droits hypothécaires, *dans lesquels il a pourtant subrogé, plus tard, le 1er juillet 1890, la Banque de l'Algérie!*

La Banque de l'Algérie a profité de la mort de P... et de l'inexpérience en affaires *de sa veuve et de ses orphelins;* elle a profité de ce qu'on a omis une chose de pure forme, pour faire ressusciter des droits hypothécaires éteints; elle a obligé D... à participer à cette fraude; je la défie bien de justifier à bonne date du paiement de ces cinq mille francs, *qui ne sont jamais sortis de sa caisse.*

Du reste, il est facile de vérifier mon assertion : on n'a qu'à examiner avec soin les registres du notaire Schelbaum et les registres de la Banque.

Ce chapitre est déjà long et je m'arrêterai à ces deux faits; il n'en manque pas d'autres; *il n'y a que l'embarras du choix !* Ils suffiront cependant à faire juger de la méthode que M. Chiérico a inculquée à ses agents et que ces derniers savent si bien mettre en pratique, au bénéfice de la Banque et à celui des officiers ministériels et autres, qui se prêtent à ces *combinaisons*, mais dans tous les cas au préjudice de tous ceux qui ne sont pas « la Banque », mais qui sont des citoyens qui ont droit à la protection de l'État et qui réclament cette protection.

Un autre motif, *le plus grave*, me retient. Si je mettais au jour les confidences qui m'ont été faites, et qui formeraient toute une série de volumes semblables à celui-ci, je mettrais en jeu des personnalités qui dépendent encore de la Banque — qui n'en dépend pas en Algérie? — et connaissant le peu de générosité d'âme des agents de la Banque, à quelque hiérarchie qu'ils appartiennent, je précipiterais la ruine complète de ces victimes, tout en voulant les servir.

Il vaut mieux attendre que l'opinion ait été faite, CHACUN AURA SON TOUR.

VIII

LES CONDAMNATIONS DE LA BANQUE DE L'ALGÉRIE

Du reste, la Banque de l'Algérie est habituée à perdre ses procès. Un de plus, dix de moins, cela la laisse absolument froide. Si ça réussit, c'est très bien; si ça ne réussit pas, c'est la même chose. Qu'est-ce qui payera les frais ? C'est la caisse. Or on sait que cette caisse de bataille est largement approvisionnée de billets bleus signés Chiérico, ou Piquemal, bons billets qui ne coûtent à la Banque que le prix du papier, et servent à payer bien des choses !

Il y a quelques mois, un débiteur de la Banque qui habite Batna avait obtenu du directeur de la succursale de Constantine le renouvellement à trois mois d'une valeur de 2,000 francs; ce débiteur, qui avait confiance — il est probable que cette confiance est moins grande aujourd'hui, — eut la naïveté de confier les billets nouveaux, qui renouvelaient les anciens, à la délicatesse du directeur en question, sans exiger en échange les billets renouvelés qui étaient déjà partis à l'adresse d'un correspondant; on pense bien que la Banque ne manqua pas l'occasion de..... gagner honorablement 2,000 francs! Elle fit carrément poursuivre, au bout de trois mois, le souscripteur, en payement de 4,000 francs! Ce dernier eut l'indépendance de crier; il se laissa assigner, et gagna en première instance; la Banque fit appel, elle perdit encore, et cette fois avec des considérants accablants, joints à l'obligation de restituer immédiatement les billets si intelligemment..... conservés, sous peine de verser au souscripteur 30 francs par jour de dommages-intérêts. Il fallait voir alors sa hâte à s'exécuter, et les excuses, et toutes les démarches, toutes les platitudes, pour obtenir le silence sur sa conduite. Affaire (P..., de Batna, contre la succursale de Constantine.)

Et le procès contre la Société B.!

MM. B. et Cie, de Cavaillon, exploitent une forêt de chênes-lièges aux environs de Collo; il paraît que cette exploitation est vue d'un mauvais œil par M. Chiérico. La saison d'expédier les lièges en France était arrivée, les balles descendues de la montagne attendaient sur les quais de Collo la venue du vapeur qui devait les emporter, lorsque l'huissier vint au nom de la Banque saisir cette marchandise, sous un prétexte quelconque. MM. B. et Cie, qui n'ont jamais mis les pieds à la Banque de l'Algérie, qui pour ce motif sont solvables et trouvent le crédit qu'il leur faut à leur siège social, firent marcher dare dare le papier timbré, et menèrent à leur tour M. Chiérico tambour-battant.

La Banque, voyant qu'elle avait fait fausse route, s'avisa pour s'en tirer de contester l'existence de la Société B. et Cie, avec laquelle elle entretenait des relations de correspondance depuis longtemps. Nous avons dit que cette association a son siège en France. La Banque, dont l'intelligence n'est pas toujours à la hauteur des *intentions*, n'y voyait pas plus loin que l'Algérie, et espérait pouvoir dire *comme un de ses modèles:* « Ces lièges ne sont à personne, donc ils sont à moi. » Elle s'attira ce joli jugement à l'audition duquel j'assistais, le 22 octobre dernier, et qui dit ce qui suit :

Attendu qu'il n'appartient pas à la Banque de l'Algérie de contester aujourd'hui l'existence d'une Société avec laquelle elle était entrée en négociations.

Attendu que c'est à tort qu'elle a saisi des objets qui n'étaient et ne pouvaient devenir la propriété privative de l'un de ses débiteurs; qu'il y a donc lieu d'ordonner mainlevée des saisies indûment pratiquées.

Attendu **que cette procédure hors de propos et d'un caractère vexatoire,** *a causé un préjudice à MM. B. et C^io^ en nuisant à leur crédit et en immobilisant des marchandises et des capitaux; qu'il leur est dû réparation de ce chef.*

Par ces motifs, dit la Société B. et Cie légalement constituée; déclare que les lièges ayant fait l'objet des saisies sont sa propriété exclusive.

En conséquence, ordonne la mainlevée de ces saisies.

Condamne la Banque de l'Algérie à payer à ladite Société la somme de cinq cents francs, à titre de dommages-intérêts.

Et vu l'urgence, ordonne l'exécution provisoire, nonobstant appel.

Et la Banque n'en a pas appelé.

Elle a acquiescé purement et simplement au jugement contradictoire, ci-dessus, et payé le montant de toutes les condamnations, quitte à se rattraper sur un autre pauvre diable de colon ?

La Banque a si bien habitué le public à la voir entamer, soutenir et perdre des procès qui ne tiennent pas debout, qu'être en procès avec elle aujourd'hui est presque un certificat d'honorabilité et de solvabilité ; le tribunal de Philippeville l'a si bien compris qu'il n'a alloué en cette circonstance que 500 francs de dommages-intérêts. En effet, le préjudice est largement payé, il représente l'immobilisation des capitaux ; quant au crédit de la Société B. ? on sait à présent que cette association ne se sert pas de la Banque de l'Algérie. Elle doit donc inspirer, par cela même, toute confiance à ses correspondants.

Ces mésaventures si fréquentes ne ralentissent pas la manie de la Banque. C'est devenu un tic chez elle d'enrichir les avoués ; elle y gagne encore, car malheureusement, tous ses adversaires ne sont pas toujours aussi indépendants vis-à-vis de leurs fiches que ceux que je viens de citer, et la liste est longue de ceux qui ne peuvent parler.

IX

LES ÉLECTIONS EN ALGÉRIE

La Banque de l'Algérie compte surtout, pour obtenir le renouvellement de son *privilège*, sur la représentation algérienne au Parlement, de laquelle elle est sûre ; car elle est redevable, à la complicité du silence que cette dernière a gardé jusqu'à ce jour, de n'avoir pas encore vu ses agissements dénoncés à la tribune et signalés à la vindicte publique.

La représentation algérienne a été tenue au courant de tous ces faits, ELLE EN CONNAÎT BIEN D'AUTRES !

Et si elle se tait, si elle n'intervient que pour patronner cet établissement, dont elle aurait dû depuis longtemps dénoncer le rôle odieux d'accaparement, c'est que, fait-elle supposer, les intérêts personnels des représentants de l'Algérie priment, chez eux, les intérêts et les droits de ces populations dépouilles, qui auraient dû cependant s'attendre à trouver dans leurs élus des défenseurs naturels.

Les avertissements, les supplications de toutes sortes ne leur ont pas manqué.

Nos sénateurs et nos députés ont les poches bourrées, ils ont les oreilles pleines des réclamations et des plaintes qui leur ont été adressées contre la Banque de l'Algérie.

La *presse* leur a montré le danger sous toutes ses formes.

Mais à ces appels réitérés, aux angoisses de ces populations que leur mission était de défendre, ces *mandataires du peuple* opposent tout l'appui de leur position au Parlement en faveur du maintien d'une *association d'accapareurs !*

Leur rôle eût été beau, cependant, de nous délivrer de cette tyrannie, la plus odieuse, la plus implacable, la plus lourde de toutes, celle de ces vampires de l'argent et de la terre, qui ont aspiré toutes les forces de vie d'une colonie qui, meurtrie par eux et agonisante, ne se maintient encore que parce qu'elle a l'espérance, qui la soutient, qu'elle sera bientôt délivrée.

Nos représentants, qui nous ont laissés sans défense contre les déprédations auxquelles se livre la Banque, ont, par leur attitude,donné crédit à l'opinion qui déjà se répand : *que l'Algérie est un fief qui relève de trois sénateurs et de six députés, et que ces derniers relèvent à leur tour de la Banque de l'Algérie, qui tient leur sort entre ses mains.*

Les vœux, les manifestations intéressées, derrière lesquelles ils s'abritent, et dont la part a été faite aux chapitres précédents, ne font illusion à personne.

Ils se sont détournés de nous ; ils ont laissé protester leur mandat ; ils ont failli à leur mission.

Issus de la Banque de l'Algérie ils ne pouvaient, il est vrai, qu'en partager la fortune.

Qu'ils ne soient donc pas surpris si je rappelle ici leur tache originelle.

Tout le monde connaît la manière dont les élections sont faites en Algérie, depuis l'avénement du directeur général de la Banque, M. Chiérico ; il est passé en proverbe qu'une élection ne peut réussir, au profit d'un candidat, qu'autant que *Chiérico est dans l'affaire.*

L'année qui précède la période électorale, le directeur M. Chiérico se fait communiquer les fiches des débiteurs de la Banque, et les compare avec les renseignements sur les sentiments politiques de ces derniers, qui lui sont très régulièrement transmis par le service dont le secrétaire général Piquemal (1) a la direction ; et je garantis que ce modèle des secrétaires généraux, nouveau Leporello, en tient au besoin : inventaire lui-même.

1. Il est aujourd'hui sous-directeur de la Banque de l'Algérie.

Si les opinions manifestées concordent avec l'esprit du jour, si le débiteur est dans le mouvement, ou si, n'y étant pas encore tout à fait, il ne demande qu'à se laisser convaincre, — *les arguments financiers sont parfois si persuasifs !* — les fiches sont maintenues, elles sont même augmentées, dans des proportions en rapport avec la force électorale supposée.

Si, au contraire, le bonhomme est entêté; on en a vu, et j'en connais, si les opinions s'écartent du programme de la Banque de l'Algérie ; car M. Chiérico, qui est *un des enfants de l'Algérie qui lui font le plus d'honneur, est à la fois, le grand électeur et le grand banquier de l'Algérie* !.

Si, dis-je, les opinions s'écartent du programme électoral propagé par la Banque, les ordres les plus sévères de réductions de crédit partent pour les succursales. Le débiteur têtu est appelé chez le directeur local, il y est mal reçu, bousculé, malmené de toutes les façons, il est presque toujours injurié. C'est le système. Il réussit et on n'aurait garde d'en changer.

Comme ce pauvre diable n'est pas accoutumé à de pareils procédés, qu'il ne voit pas encore très bien ce qu'on lui veut, qu'il ressort de l'application de ce système un grand froissement de tout son être, il fait flèche de tout bois pour se débarrasser de la Banque.

Le bruit de sa disgrâce n'ayant pas encore transpiré, — le moment n'est pas venu, — il se réfugie dans les autres Banques, moins privilégiées. Sa créancière fournit d'excellents renseignements sur sa solvabilité, et il est reçu à bras ouverts par ces établissements, où il trouve les fonds nécessaires pour se débarrasser de sa dette à la Banque, d'où il se retire, soulagé d'un grand poids!

Que fait alors la Banque de l'Algérie? Comme les établissements de crédit où son débiteur s'est réfugié réescomptent leur portefeuille chez elle, elle qui a toujours accepté, sans observations, la signature qui lui revenait ainsi, tant qu'elle a vu des risques de même nature dans ses fiches.

Aussitôt qu'elle en est par ces moyens débarrassée, elle refuse impitoyablement l'escompte de tout papier portant la signature de l'homme voué par elle à la géhenne.

A leur tour, les banquiers sont, par contre, obligés d'exiger le remboursement à échéance des valeurs portant cette signature proscrite qu'ils avaient acceptée, ne pouvant plus repasser les renouvellements à la Banque.

Et cet homme, qui est souvent d'une solvabilité notoire, qui, dans tous les cas, n'est ni meilleur ni pire que la veille, repoussé de partout, ne trouvant plus un centime à emprunter, mis dans l'obligation de retirer sa signature de la circulation, se voit contraint d'avilir ses propriétés, par sa hâte à les réaliser, et succombe en pleine prospérité, huit jours quelquefois avant les élections ! Les voix qui le suivaient se dispersent, et le succès des élus de la Banque est assuré par cette manœuvre utilement répétée.

Ici, je pourrais documenter mon dire en y mettant des noms ; mais pourquoi essayerais-je de raviver, dans les cœurs de ces victimes de la foi politique, toutes les douleurs qui y fermentent ?

Si ces lignes frappent leurs yeux, qu'elles se souviennent qu'on ne les oublie pas, et qu'elles sachent bien que leur jour viendra !

Dans ces circonstances, les Comptoirs d'escompte, qui sont aujourd'hui en plein atavisme, marchent parallèlement avec le génie du mal qui mène la Banque, et sur ses ordres, font le même jeu, dans des proportions moindres, il est vrai.

Parfois le Conseil d'administration de l'un de ces Comptoirs proteste contre le rôle odieux, hideux, qu'on veut lui faire remplir.

Que fait alors la Banque de l'Algérie ?

Oh ! elle n'est jamais embarrassée, et les ressources de Quinola-Piquemal ne sont jamais en défaut.

La Banque crée immédiatement et en pleine période électorale, un second Comptoir d'escompte dans la même localité. Ce n'est pas plus difficile que cela.

En voici deux exemples :

Le Comptoir d'escompte de Mascara et la Caisse agricole de Mascara ;

Le Comptoir d'escompte de Guelma et la Caisse agricole de Guelma.

Etablissements financiers absolument semblables ayant la même origine et le même patronage ; créés et mis au monde par la Banque de l'Algérie pour lui rendre des services identiques.

Aussi, faut-il voir ce fonctionnement au moment des élections !

Mais là, la Banque est immédiatement punie par où elle a péché. **Et c'est sur son dos, et avec ses coupures, que se livrent les batailles, qui restent toujours aux plus gros bataillons.**

X

LES DENIERS DE L'ÉTAT ET LA BANQUE DE L'ALGÉRIE

La Banque de l'Algérie ne se contente pas de mettre à mal les particuliers ; l'Etat français lui-même n'est pas à l abri de ses déprédations ; voici comment elle y procède :

Quand elle voit un de ses clients pris au trébuchet qu'elle lui a tendu, c'est-à-dire quand le malheureux a englouti toutes ses ressources dans la création d'une exploitation rurale quelconque, que cette exploitation est sur le point de se récupérer des fonds, du temps et de l'intelligence avancés, la Banque mande à sa succursale le travailleur, le créateur, l'âme de cette conquête du travail sur le sol qui hier était nu. Elle lui montre sa fiche, elle le somme d'avoir à rembourser en cours d'échéance, soit avant trois mois, les billets portant sa signature qu'elle possède, billets qui lui viennent soit de ses propres opérations, soit d'un Comptoir à tout faire, moins l'escompte pour laquelle il a été institué, soit de tout autre intermédiaire tout aussi dépendant d'elle-même.

Le pauvre colon est d'abord interdit, il ne peut croire que les encouragements d'emprunter, si répétés la veille, aient été aussitôt changés en un ordre de rembourser aussi impérieux, mais il est obligé de se rendre à l'évidence, et pour lui point n'est plus de salut.

Il se tourmente, il veille, et toutes les solutions s'évanouissent devant lui, toutes les portes des autres banques se ferment car toutes, dépendantes de la Banque de l'Algérie, ont reçu l'ordre de ne pas intervenir.

Et l'homme qui a tant travaillé, qui a tant peiné sur cette terre, qui est une partie de lui-même, fait une dernière visite aux cyprès qui ombrent, dans un coin du cimetière du village les croix de bois qui portent souvent les noms de sa femme et de ses enfants morts avant lui à la peine. Il y répand les larmes de son dernier adieu, et, le front courbé il s'en va lentement...

Il se rend à la Banque de l'Algérie. Mis par elle dans l alternative d'une cession volontaire de ses biens ou d'une expropriation judiciaire il signe tout ce qu'on lui demande contre la remise de la quittance de sa dette ; il a tout donné et la Banque a tout pris, *fors l'honneur*.

C'est ici que le fonds de dol, qui est érigé en principe à la Banque de l'Algérie depuis la venue à sa tête de M. Chiérico, ressort dans tout son plein.

L'exploitation rurale ainsi obtenue a coûté au créateur la somme de 500.000 francs ; sa valeur d'estimation s'élève à 700.000 francs, car, en outre du capital employé, il y a la plus-value, provenant de la mise en rapport.

Le propriétaire exproprié devait à la Banque ou à ses intermédiaires, c'est la même chose, la somme de 150.000 francs par exemple.

On lui fait faire une cession totale de ses biens pour cette somme. La Banque obtient ainsi, de force, et pour 150.000 francs, ce qui en vaut 700.000. Son bénéfice devient de 550.000 francs, et comme l'acte de vente ne mentionne que 150.000 fr. elle ne paie les droits d'enregistrement que sur cette dernière somme au lieu de les payer sur la valeur réelle de 700.000 francs.

Dans d'autres circonstances la Banque fait transiger par une cession de biens inférieure au montant de la créance.

EXEMPLE :

Coût de la propriété.	500.000	francs
Valeur d'estimation.	700.000	—
Dette envers la Banque. . .	150.000	—
Cession de biens pour. . . .	100.000	—

Ce qui fait que la Banque bénéficie toujours de 550.000 francs quant à l'échange de la valeur et... dérobe à l'Etat les droits d'enregistrement sur 600.000 francs !

Il y a des officiers ministériels qui font fortune en prêtant leur ministère à ces complaisances envers la Banque, à ces fraudes répétées envers l'Etat.

Et les autres créanciers, les chirographaires, petits et grands, qui ont vendu du matériel, des bêtes de trait et des instruments de labour dont la Banque s'est emparée, les fournisseurs en général qui ne pouvaient se douter que leur débiteur allait être aussi rapidement dévoré par la Banque ?

Hélas ! ils perdent tout, confirmant cette assertion partout répandue **que la Banque fait systématiquement le vide autour d'elle, et qu'elle est l'agent de désorganisation le plus redoutable de tous ceux qui existent en Algérie.**

Quand la Banque ne peut obtenir des débiteurs qu'ils mettent complaisamment la tête à la lunette de sa guillotine elle procède par la voie judiciaire à la spoliation dénoncée plus haut. Il y a des cas où les tribunaux eux-mêmes se trouvent obligés de consacrer ces actes.

En voici un exemple récent :

Il y a quelques mois, un propriétaire, M. F..., qui, sur l'avis de la Banque, n'avait pas sulfaté ses vignes, qui, à l'instar de la Banque, avait perdu toute sa vendange sur pied, et qui, pour ce motif, ne pouvait payer même les intérêts de sa dette à la Banque, fut exécuté dans les formes suivantes :

La Banque de l'Algérie était créancière hypothécaire de ce propriétaire pour la somme de 330.000 francs.

Elle avait elle-même, le 21 mai 1890, estimé à 775.000 francs le montant total de la propriété de ce débiteur.

Elle exigea, en décembre 1890, le remboursement de sa créance, réduite alors à 183.500 francs, et comme le débiteur qui ne pouvait payer ne voulait pas faire de cession amiable, la Banque fit mettre ses propriétés en vente et se les fit adjuger à la barre pour le prix de 130.000 francs!

Bénéfice net pour la Banque : 591.500 francs.

Perte légale pour le Trésor public, ses droits d'enregistrement sur 645.000 francs.

Cette adjudication avait été annoncée comme devant avoir lieu en un seul lot.

Les petits créanciers avaient demandé,— et l'exproprié avec eux — que la vente fût faite en plusieurs lots; mais la Banque, qui était poursuivante, s'opposa légalement à cette division et demeura seule acquéreur pour 130.000 francs, en un seul lot, d'un nombre considérable d'immeubles, qui se composaient d'une vingtaine de propriétés, situées en des lieux différents de l'arrondissement, à Philippeville, au faubourg de l'Espérance, près du cimetière, à Saint-Antoine, à Gastonville, à Robertville, etc., etc., qui, s'ils avaient été séparés, ainsi qu'on le demandait, eussent certainement acquis un prix de vente triple du prix obtenu; car de nombreux acquéreurs se fussent présentés, et tel qui ne peut mettre à son acquisition le prix énorme de 130.000 francs, peut disposer de 10.000 fr. par exemple.

Donc, par le fait de la Banque de l'Algérie, l'État a perdu dans cette affaire les droits d'enregistrement sur 645.000 francs, et les petits créanciers, les chirographaires (ceux qui ont eu confiance dans une solvabilité apparente, et il fallait la Banque de l'Algérie pour la détruire!), tous ces fournisseurs divers qui constituent le *corps commercial* ont perdu leur créance totale, dont la Banque a ainsi, et avec préméditation, bénéficié entièrement sans risques.

Et on s'étonnerait, après des exemples semblables, que le commerce et l'industrie périclitent en Algérie, que les faillites s'entassent sur les liquidations judiciaires?

La Banque avale tout, elle s'empare de tout, elle fait le vide partout où elle se trouve.

Si la Commission d'études des questions algériennes au Sénat veut être édifiée sur ces procédés de la Banque, à l'encontre des intérêts de l'État, elle n'a qu'à se renseigner à l'administration de l'enregistrement.

Je lui signale en outre des millions de francs de valeurs que la Banque fait figurer à son actif; valeurs pour la plupart collusoires qui ne se renouvellent même pas afin *d'économiser* (l'expression vient de la Banque elle-même) les frais de papier timbré !

Et ce serait à cette voleuse des finances de l'État que l'État conserverait, quand il lui est si facile de le lui retirer, un privilège qui ruine aussi bien l'État lui-même que les Algériens?

Le journal *Le Zéramna*, de Philippeville, du 24 février, a très bien exposé la situation dans un entrefilet de chronique locale que je reproduis :

BALS SUR TOUTE LA LIGNE

« Il ne faudrait pas en conclure pour cela que les « affaires marchent bien dans notre bonne ville de « *Philippeville*, non, mille fois non, mais comme les « habitants sont avant tout doués d'une forte dose de « philosophie, ils savent prendre le temps comme il « vient, et partisans de ce vieux proverbe qui dit : « *Contre mauvaise fortune bon cœur*, ils dansent en « attendant de pouvoir manger. »

Cette constatation vient à point pour confirmer mes dires. C'est tout simplement navrant! Oui, nous en sommes là à Philippeville, par le fait de la Banque, *réduits à attendre de pouvoi rmanger!!*

Mais on n'a pas idée en France de ce qui se passe chez nous, qu'on y regarde donc! Nous sommes citoyens et sujets français, et à ce titre nous réclamons la protection à laquelle nous avons droit.

XI

LA DETTE DE LA BANQUE AU TRÉSOR PUBLIC

L'excessive prodigalité avec laquelle la Banque de l'Algérie avait répandu sa monnaie fiduciaire au moyen des escomptes dans le public algérien, avait fait naître dans la colonie une sorte de prospérité et d'aisance *factices*, qui avaient eu pour conséquence, — car tout le monde se croyait riche alors, — d'augmenter les besoins et de pousser aux achats et, par suite, de faire que l'importation des produits français en Algérie devenait bientôt de beaucoup supérieure à l'exportation des produits algériens en France.

Il y avait donc une différence en faveur de l'importation; un *déficit* du côté algérien.

La Banque recevait pour le recouvrement la plupart des valeurs fournies par les expéditeurs de France sur les acheteurs d'Algérie, qui lui étaient confiées par les établissements financiers de la Métropole.

Elle avait à rembourser le produit de ces encaissements, et comme la différence existante entre l'importation et l'exportation ne pouvait être comblée avec du papier algérien tiré sur France, puisque les revenus de la colonie n'étaient pas en rapport avec sa consommation; que ses propres billets n'étaient alors acceptés pas plus qu'ils le sont aujourd'hui par aucune caisse hors d'Algérie, elle se trouva fort embarrassée quand fut venu le moment de combler la différence.

Elle crut y trouver un remède en donnant l'ordre à ses correspondants de l'intérieur, au moyen desquels elle effectuait ses recouvrements, de verser les billets de banque, provenant de ces opérations, aux caisses locales du Trésor public, en échange de *Bons du Trésor* payables en France.

Le système était ingénieux : le correspondant ou le Comptoir d'escompte présentait à échéance la traite qui provenait du fournisseur français au débiteur, qui la retirait avec le produit d'une opération d'escompte qu'il faisait à l'instant ou qu'il avait faite la veille avec ledit correspondant. Cette valeur retournait engraissée des agios, dans le portefeuille de la Banque; et comme résultat de cette opération *sub-lunaire* la Banque retirait le bénéfice immédiat de la couverture en **Bons du Trésor public**, valeur qui est autrement prisée en France que ne l'est celle représentée par les billets de la Banque de l'Algérie !

L'État, sans s'en douter, comblait le *déficit*, qui

avait été amené par les manœuvres habiles de cette *association* qui ne cherchait dans tout cela qu'à majorer la valeur de ses actions, afin de les revendre aux plus hauts prix.

Les agents des finances de l'État en Algérie, les comptables du *Trésor public* et les receveurs des *contributions diverses* qui font office d'agents du Trésor dans les centres où cette administration n'est pas représentée, sont tenus, *par ordre supérieur*, de verser aux caisses de la Banque de l'Algérie, à Alger et aux succursales, tous les fonds provenant des sommes recouvrées par leurs soins, c'est-à-dire la totalité des revenus de l'État en Algérie.

Ces sommes sont déposées à la Banque en comptes-courants au crédit du Trésor public, qui peut à tout moment les retirer.

Il arriva que la Banque se trouva avoir en même temps à sa disposition :

1° Les bons du Trésor, au moyen desquels elle remboursait à défaut de papier algérien tiré sur France les valeurs qui lui avaient été remises en recouvrement par les établissements financiers de la métropole.

2° Et sa propre monnaie fiduciaire, apportée chez elle en compte courant par les trésoriers-payeurs et qui provenait de l'acquisition de ces mêmes bons du Trésor aussi bien que des diverses ressources de l'État versées dans ses caisses.

Par négligence, sans doute, et aussi peut-être un peu par camaraderie, en tout cas par manque de surveillance de la part des agents des finances, ces comptes s'accumulèrent, ils grossirent et arrivèrent bientôt à la somme de *quarante-deux millions de francs !*

Quand on voulut s'en apercevoir et qu'on en exigea le remboursement, il était trop tard, la Banque de l'Algérie qui abuse toujours, qui abuse de tout avait encore une fois abusé de ces dépôts qu'elle avait ensevelis dans ses opérations territoriales!

Elle se trouva dans l'impossibilité absolue de faire face à ses engagements, et cette impossibilité est si bien constatée que malgré ses expropriations constantes qui augmentent sans cesse, malgré ses ventes et ses réalisations de territoire et de produits du sol, elle n'a pu arriver à les faire payer à la propriété algérienne puisqu'elle devait encore au 31 décembre 1891 au Trésor public la somme de *trente-neuf millions de francs!* (1).

Cette dette est anti-patriotique, elle est anti-française.

Que l'on se représente la situation qui serait faite à la défense de la colonie par la Banque de l'Algérie avec la manie de cet établissement *de*

(1) Sa dette envers le Trésor public et les Trésoriers-payeurs, s'élève à la date encore plus récente, du 31 Janvier 1892, à la somme de *43,309,003 fr. 59*.

tout prendre, de tout accaparer, de tout dénaturer, et de ne pas restituer, le jour, qui peut être prochain, de complications internationales!

Voit-on le Trésor public victime lui aussi de la Banque faisant la paie aux troupes avec de la monnaie composée des papiers de la Banque de l'Algérie ?

Je doute que nos tirailleurs, nos zouaves et nos chasseurs d'Afrique trouvent en campagne le placement d'une solde faite sous ces espèces.

Et si je signale ce danger, c'est qu'il mérite qu'on s'y arrête un peu, car je ne ne vois pas très bien comment la Banque de l'Algérie, qui est en déficit, qui n'a, dit-elle, que 28.566.042 fr. 71 en caisse, somme qui appartient à la masse de ses créanciers, s'y prendrait pour rembourser au Trésor public les 39.225.430 fr. 89 qu'elle lui doit si l'État en avait besoin.

C'est une commandite bizarre et incompréhensible que celle du Trésor public à l'égard de la Banque de l'Algérie. Il est probable qu'il aura suffi de la signaler pour en empêcher la durée, car un État qui se respecte ne peut COMMANDITER UNE BANQUE DE L'ALGÉRIE !!!

XII

LE RENOUVELLEMENT DU PRIVILÈGE DE LA BANQUE DE L'ALGÉRIE

Dans les premiers jours de février 1891, je me trouvais à Constantine ; il n'était bruit dans cette ville que d'une dépêche, qui venait d'arriver annonçant que le renouvellement du privilège de la Banque de l'Algérie allait passer, disait-on, avec et sous le couvert du renouvellement du privilège de la Banque de France, exactement comme s'il y avait quelque chose de commun entre l'une et l'autre de ces institutions !

Une grande anxiété régnait et chacun envisageait le sombre avenir qui nous était réservé, si la colonie allait être condamnée à traîner jusqu'à la fin de 1920 le « boulet de la Banque. »

J'envoyai immédiatement au *Nouveau Progrès de l'Algérie*, journal qui a pour spécialité de s'occuper d'affaires et porte pour devise :

MOINS DE POLITIQUE ;	LE TRAVAIL VIVIFIE ;
DU TRAVAIL !	LA POLITIQUE TUE.

la critique du *bilan* que la Banque venait de publier et qui résumait sa situation au 31 janvier 1891.

Le Progrès voulut bien insérer cette communication; le but en fut compris dans le public, et j'eus ainsi l'honneur d'attacher au collier de réprobation que la Banque de l'Algérie porte avec elle le grelot timide, qui devait devenir bientôt le haro formidable qui la proscrit aujourd'hui.

Je montrais, chiffres à l'appui, que la Banque de l'Algérie était en déficit; que la liquidation de cet établissement s'imposait immédiatement, et que cette liquidation, judiciaire ou autre, était la seule réponse qu'il soit possible de faire à sa demande impudente de renouvellement du privilège.

Cette discussion de BILAN FANTASTIQUE, qui avait été bâclée à la diable sur un coin de table et qui aurait certainement méritée plus de soins de ma part, fût néanmoins accueillie avec grande faveur dans le public ; les lettres de félicitations affluèrent au *Progrès*, toute la presse indépendante en reproduisit des fragments et de ce jour la campagne fut ouverte contre le renouvellement du privilège de la Banque de l'Algérie.

Le 17 février, M. Ch. de P. envoyait au *Bônois* le remarquable article que je ne puis m'empêcher de reproduire ici :

Personne ne se méprend sur la véritable pensée qui a présidé à la création de la Banque de l'Algérie. Développer et faciliter, à l'aide d'un crédit sage et mesuré, les opérations commerciales de la Colonie, tel était, en effet, le but assigné à ce grand établissement.

Les statuts de la Banque sont conçus en des termes très larges et très précis à la fois : très larges, car ils admettaient le petit commerce, lui aussi, à jouir des avantages du crédit ; très précis, car ils édictaient impérieusement que la Banque de l'Algérie était et resterait toujours un établissement exclusivement commercial.

Hélas ! les statuts furent vite violés ; la pensée qui les avait inspirés fut bien vite méconnue !

Ce n'est plus le commerce qui profite de l'argent de la Banque ; cet argent semble être fabriqué uniquement pour faire triompher une politique.

M. Chevallier, le précédent directeur, ouvrit la porte à tous les abus, à tous les tripotages, et l'argent de la Banque fut livré au gaspillage.

Il fut remplacé par M. Chiérico-Nelson. L'Etat et les actionnaires pensèrent que ce nouveau directeur ramènerait l'ordre dans les finances et rappellerait tout le monde à la stricte observation des statuts.

Mais M. Chiérico donna aussitôt la mesure de son intelligence. *On s'aperçut vite, en effet, qu'il devait sa haute situation, moins à ses capacités financières qui sont nulles, qu'à ses attaches politiques qui sont puissantes.*

Que pouvait d'ailleurs un préfet subitement improvisé financier ?

Il continua les déplorables et iniques traditions de ses prédécesseurs ; loin d'aplanir les difficultés existantes, il n'a fait que les aggraver, et les aggraver à el point que la situation devient dangereuse et intenable.

Les catastrophes financières sautent, comme des poudrières, sous nos pas. Les faillites s'accumulent et se multiplient d'une façon effrayante. Les petits sont impitoyablement sacrifiés ; et parmi les gros financiers les uns sont exécutés et les autres épargnés avec une injustice flagrante.

Nous nous contentons, pour aujourd'hui, de faire passer sous les yeux de nos lecteurs une opération de la Banque, qui a commencé à se dévoiler samedi dernier, à l'occasion de la faillite de M. L..., opération qui recevra son dénouement dans quelques jours devant le tribunal de commerce.

La Banque venait donc samedi demander son admission au passif de la faillite L... pour la somme de 450.000 francs.

Subitement, M. S..., — au courage et à l'énergie duquel nous devons rendre hommage — s'éleva avec indignation contre son admission.

Quel est l'endosseur ou le souscripteur, s'est écrié M. S..., de toutes ces valeurs ?

Le syndic a répondu : M. N... M. N... ! qui est-ce M. N...? C'est le principal comptable de M. L.. !

Ainsi cet employé qui, certes, est un parfait honnête homme, mais qui n'a aucune fortune, a souscrit des valeurs à M. L... pour une somme de 450.000 francs. Ce fait se passe de commentaire !

Mais il y a quelque chose de plus fort : c'est que plusieurs de ces valeurs souscrites par M. N..., sont encore endossées par M. N..., par procuration de M. L... !

Ainsi voilà un brave garçon qui pour aider son patron se laisse aller, plein de confiance, à prodiguer sa signature et qui se trouve ruiné « avant la lettre » par suite de la mauvaise administration de la Banque. Une telle opération constitue une véritable iniquité.

C'est la violation des statuts, c'est le gaspillage des

deniers publics. Car, en somme, c'est l'Etat qui garantit la Banque, et l'Etat c'est nous ! (1).

Je ne sais ce que pensent ou penseront les actionnaires ; mais il me semble que l'occasion est fort propice pour demander à Chiérico-Nelson compte de ses actes.

Quant au gouvernement ! — oh ! le gouvernement ne bougera pas, Chiérico étant un agent politique d'autant plus puissant qu'il dispose de moyens propres à fasciner les électeurs.

Néanmoins, tous les citoyens de cœur, tous ceux qui ont le souci de la prospérité de l'Algérie doivent se révolter, s'indigner contre de tels abus.

Crions haut, au scandale, au tripotage !

Une des causes de la crise aiguë qui sévit sur notre pauvre Algérie, résulte précisément du favoritisme avec lequel on distribue les deniers de la Banque.

C'est de là que viennent tous nos malheurs ; c'est de là d'où sortent toutes les faillites qui menacent d'entraîner dans un abîme épouvantable toute l'Algérie !

Le commerce est mort ! et c'est avec triste vérité que l'on peut rappeler le mot historique du grand orateur : « La banqueroute est à nos portes. » Oui ! la hideuse banqueroute est à nos portes, elle va engloutir, nous, nos familles, nos colons, l'Algérie tout entière !

Désormais, en présence du péril imminent qui nous étreint, nous ne cesserons de nous élever contre tous les tripotages commis par l'administration de la Banque, contre le favoritisme révoltant qui préside à la distribution des deniers de cet établissement qui, par son essence et par son objet, est public et commercial.

Nous dirons que les neuf dixièmes de nos commerçants ne peuvent être admis à cette banque de malheur,

(1). L'Etat ne garantit rien, il a droit de surveillance.

que quelques-uns seulement puisent dans ses coffres comme dans leurs propres poches.

Nous dirons — nous prouverons aussi — que M. Chiérico est souple et plat envers ceux qui occupent une situation politique, fier et arrogant envers ceux dont il n'a rien à craindre.

Nous démontrerons, par exemple, que s'il épargne M. L..., il sacrifie sans pitié M. D..., et que M. B..., dont le découvert est de trois millions, n'est pas inquiété, alors que M. R..., un travailleur et un honnête homme, a été saisi, spolié.

Et j'expliquais, dans le *Progrès* du 22 février, que les statuts de la Banque de l'Algérie étaient tournés et violés toutes les fois qu'il plaisait à M. Chiérico d'en agir ainsi.

Qu'on ne soit donc pas surpris si, dans un jugement récent, le tribunal de Tunis, qui a charge des intérêts de sa circonscription, a décidé que les *billets de la Banque de l'Algérie* ne devaient pas être acceptés obligatoirement en paiement dans les transactions commerciales.

Et ce tribunal a, par ce jugement, prouvé que les causes de ses justiciables sont en bonnes mains.

Grâce, en effet, à cette décision il a empêché le drainage complet des piastres tunisiennes que la Banque de l'Algérie convoitait depuis longtemps et dont elle avait essayé de s'emparer en inondant la Régence des ballots de ses assignats.

XIII

LA TUNISIE CONVOITÉE

La Tunisie ne possède point encore l'organisation administrative de l'Algérie, et il n'y a pas de députés. Ce qui fait que — singulière constatation, — nos concitoyens tunisiens travaillent au développement de leur pays, sans que les haines et les divisions politiques viennent annihiler leurs efforts.

Comme il est nécessaire, pourtant, que l'autorité du résident ait un certain contrepoids, et en même temps que les aspirations de l'opinion soient condensées et soumises au gouvernement, on a institué à Tunis une sorte de Conseil supérieur, appelé *Conférence consultative*.

Cette conférence est devenue, par la valeur personnelle de ses membres, une sorte de conseil du gouvernement de la Résidence. Elle se prononce sur toutes les questions qui intéressent la Tunisie.

Dans une de ses dernières séances, la Conférence consultative avait étudié la création d'un établissement financier, et voici les conclusions du rapport fait au nom de la Commission des finances :

La Commission a reconnu que les besoins étaient toujours les mêmes et que le développement des affaires commerciales rendait de plus en plus nécessaire l'installation d'un établissement de crédit. Elle réitère le vœu formulé, et qui réunit toutes les préférences, c'est-à-dire la création d'une succursale de la Banque de France. Elle a constaté que la situation de la Banque de l'Algérie ne lui permet pas, dans l'état actuel de ses ressources, d étendre son action sur la Tunisie.

De plus, a ajouté le rapporteur, puisque nous avons un crédit intact et des espérances de prospérité sans exemple, sons serions bien coupables si nous ne repoussions pas de toutes nos forces l'idée de consacrer nos ressources à sauvegarder des intérêts qui se sont pas les nôtres.

Le rapporteur a démontré combien serait pratique la création en Tunisie d'une Banque tunisienne qui aurait de telles attaches avec la Banque de France qu'elle en serait, sinon la fille, tout au moins la cliente favorisée.

Après l'audition du rapport, la Conférence consultative a voté les propositions suivantes :

« La Conférence consultative :

« 1° Emet le vœu qu'il soit créé une succursale de la Banque de France en Tunisie ;

« 2° Emet le vœu qu'en cas où l'impossibilité de cette création serait démontrée, il soit procédé de suite à la constitution d'une *banque locale d'émission et de réescompte ayant* son siège social à Tunis et des succursales à Sousse et à Sfax ;

« 3° Proteste, par 13 voix contre 3, contre l'établissement d'une succursale de la *Banque de l'Algérie* en Tunisie. »

Le bonheur des Algériens ne suffit pas, paraît-il, à cet établissement de ruine publique, qui s'appelle encore, pas pour longtemps, espérons-le, la *Banque de l'Algérie*, il lui faut aussi que les Tunisiens, de même que les Algériens, succombent sous le poids de ses bienfaits.

Dans ce but, M. Chiérico vient d'envoyer en Tunisie l'un de ses émissaires (1), avec mission d'établir les bases d'une entente avec les banques de Tunisie, et de préparer ainsi l'installation dans la Régence de succursales de son établissement privilégié.

Décidément, ces gens-là ne doutent de rien. Ils ont toutes les audaces! après tout, ils ont peut-être raison. Voilà dix ans bientôt qu'ils ont mis impunément l'Algérie au pillage. C'est sans doute l'exécution d'un programme venant de haut!

Donc, l'ambassadeur de la maison Chiérico est en train de raconter aux Tunisiens les histoires dont les Algériens ont les oreilles rebattues. Il leur offre ses marchandises, moins cher qu'en fabrique, et cherche à les séduire, pendant, — et c'est là tout le secret de son voyage prématuré, —

1. M. Rouget, l'étonnant directeur de la succursale de Phillippeville.

qu'il prend des notes sur la valeur des propriétés, dont la Banque de l'Algérie a calculé qu'elle pourrait s'emparer d'ici quelques années, ainsi que sur les situations commerciales qu'elle pourrait démolir au profit de ses amis, au moyen du retrait brutal de sa monnaie fiduciaire qu'elle sait si habilement répandre dans la circulation, comme cela lui a si bien réussi, jusqu'à présent, dans le département de Constantine.

M. Chiérico s'imagine avoir conquis la Tunisie, comme il a conquis l'Algérie. Déjà il voit arriver le renouvellement du privilège que sa maison sollicite avec tant d'avidité. Il se voit inaugurant deux succursales en Tunisie, mais ce qu'il voit surtout dans cette inauguration, c'est l'augmentation du capital social de sa maison, venant comme il y a dix ans faire bénéficier les porteurs d'action d'un *bedit pénéfice* de 1,400 francs par action. Ils sont loin les cours d'antan! Encore une illusion qui s'envole.

Poursuivant son idée, nous dit-on, la maison Chiérico considère son renouvellement comme étant chose acquise ; tout est prêt *sur le papier;* les directeurs et les commis sont désignés ; les locaux sont choisis. Il ne manque qu'une chose à cette lanterne pour éclairer autour d'elle, c'est l'autorisation officielle de l'obtention du renouvellement et de l'annexion financière de la Tunisie.

Mais c'est peu de chose pour le chef de cette illustre maison.

M. Chiérico est allé à Paris. Il a, dit-il, vu MM. Rouvier et Burdeau. Il a immédiatement convaincu, ajoute-t-il, ces hauts personnages de la bonne qualité des produits de sa maison et pour lui, nous servant d'une élégante expression qui lui est familière, *l'affaire est dans le sac.*

La maison Chiérico fera le bonheur des Tunisiens, de même qu'elle a fait le bonheur des Algériens, c'est-à-dire malgré eux.

Tunisiens, nos amis! Tunisiens, nos frères! Méfiez-vous, vous n'avez rien de bon à attendre de cette fabrique d'expropriations, de cette agence d'émigrations.

Que l'exemple de nos colons dépouillés et chassés par la Banque de l'Algérie, que la vue de nos campagnes dévastées par la Banque de l'Algérie, vous fassent éviter le piège qui vous est tendu!

Laissez la Banque Chiérico fausser en Algérie les expressions de l'opinion publique et faire ici les élections.

Laissez ces émetteurs de papier-monnaie commanditer les sénateurs, les députés, les conseillers généraux et les membres des chambres de commerce d'Algérie, en échange de leur appui au Parlement, et des vœux émis par ces corps élus.

Vous qui avez le bonheur de ne posséder encore ni sénateurs, ni députés, ni conseillers généraux, ni Banque privilégiée, bonheur que nous vous envions, si vous voulez garder votre liberté, si vous voulez conserver vos biens, gardez-vous comme de la peste de ces politico-financiers.

Chassez à coups de verges ces marchands d'assignats. Vous êtes libres aujourd'hui. Si vous les laissez s'installer chez vous, avant peu vous serez leurs fellahs, leurs esclaves.

Que l'exemple de l'Algérie agonisante vous serve de leçon !

XIV

LES INDIGÈNES EXPROPRIÉS

M. Chiérico, qui sent bien le terrain lui manquer sous les pieds, mais qui a l'esprit fertile en expédients, profitant du mouvement d'opinion dont les indigènes bénéficient en France, cherche à se rendre intéressant auprès des pouvoirs publics en faisant du maintien de sa Banque d'expropriation une question de salut indigène.

Il va partout, annonçant son projet de création d'une caisse agricole des indigènes, cherchant s'il n'y aurait pas moyen de reconstituer en espèces, et à son profit, l'ancienne Société des *Silos de prévoyance* ou greniers d'abondance algériens.

Dans son projet, la Banque de l'Algérie recevrait à l'époque de la vente des récoltes, en espèces, telle somme par tête d'indigène ; elle garderait ces fonds en dépôt pour les prêter ensuite au moment des besoins.

Elle grouperait les Djemaas, sorte de conseils municipaux indigènes, et se ferait donner des garanties collectives de ces séries de prêts.

C'est une nouvelle tromperie, c'est une autre

duperie, c'est un nouveau prétexte à ramasser les douros des Arabes. Il y a quatre millions d'Arabes en Algérie, un million et demi en Tunisie; en mettant seulement à 10 francs par tête la somme devant être mise en dépôt, c'est plus de cinquante millions d'espèces que la Banque convoite encore pour combler ses déficits!

Le passé de la Banque de l'Algérie répond pour son avenir. Elle n'a pas suffisamment des belles propriétés des colons, il lui faut encore dépouiller les indigènes en masse. Elle ne le fera pas, parce qu'elle est aujourd'hui démasquée.

Il y a déjà des contrées — le littoral — où elle a tout pris aux Arabes aussi bien qu'aux Européens.

En voici la preuve :

Il y avait réunion hippique sur l'hippodrome de l'une des villes du littoral (1), le comité des courses avait convié à cette fête tous les éleveurs indigènes de la contrée. A la surprise générale pas un coureur arabe ne fut engagé.

Les cavaliers indigènes avaient été invités à prendre part à une grande fantasia à l'issue des courses. On sait que la fantasia est le complément de toute solennité équestre en Algérie. Il n'y avait pas encore eu d'exemple de courses de chevaux terminées sans que les cavaliers arabes aient fait parler la poudre en galopant devant les tribunes.

(1) A Philippeville.

Pas un cavalier ne se présenta.

Quelques cheiks au manteau rouge; quelques deïras au manteau bleu, avaient bien répondu par leur présence à l'invitation, mais ils étaient venus en fiacre!

Comme je demandais à l'un d'entre eux la raison de cette abstention complète des cavaliers arabes, qui se joignent habituellement avec tant d'entrain à nos solennités hippiques dans lesquelles on leur réserve toujours la plus belle place et la part la plus brillante, et que je l'interrogeais sur cette absence regrettable :

— « Il ne faut pas nous en vouloir, me répondit-il. Ne croyez pas à de la mauvaise volonté ou à de l'indifférence de notre part. Il n'y a pas longtemps encore nous avions des chevaux ; le beylik (c'est sous ce nom que les Arabes désignent le gouvernement) nous distribuait même parfois des primes d'encouragement, car nous formions avec nos *goums* ses contingents de guerre. Nous éclairions ses escadrons dans leur marche en avant et protégions les convois dans la retraite.

« Depuis la conquête qui nous accorda l'*aman*, après avoir vaincu nos pères, nous avons toujours été fidèles à votre drapeau pour la défense duquel notre sang a souvent rougi les champs de bataille où nous combattions à vos côtés.

« Quand une occasion de faire parler la poudre nous était offerte, nos jeunes gens sellaient leurs fringantes montures, et aussi bien à la guerre qu'à la fantasia, ils étaient toujours sûrs d'emporter vos bravos, car vous vous y connaissez, vous autres Français !

« Nous ne sommes pas prévoyants et, quand nos récoltes s'étaient bien vendues, nous employons la plus grande partie de leur produit à nous procurer de riches harnachements et de belles armes.

« Les usuriers nous prêtaient à gros intérêts pour acheter ces belles juments qui produisaient nos rapides coursiers; mais la Banque de l'Algérie a convoité notre bien, les usuriers lui ont vendu notre signature, elle ne nous a pas donné le temps d'attendre une récolte qui nous aurait permis de la désintéresser; elle a pris nos charrues et nos terres, elle a brûlé les gourbis où nos pères étaient morts, où nos enfants étaient nés; elle a vendu nos fiers étalons aux entrepreneurs de diligences ; elle a mis nos juments aux labours !

« Il nous reste nos mulets, avec lesquels nous transportons les charges que nous impose la Banque, de laquelle nous sommes devenus les fellahs.

« *Dieu seul est grand !* »

Et une larme perlait au bord de la paupière de mon interlocuteur qui regardait au ciel.

En révélant ici des faits dont on ne se doute pas en France, je n'ai d'autre but que celui de sauvegarder, s'il en est temps encore, les biens des quelques colons et indigènes qui sont encore debout et le prestige des institutions importées de la mère-patrie, bien compromis par suite des déprédations de la Banque de l'Algérie, qui, au moyen de son papier fiduciaire, *qui ne lui coûte rien*, s'est emparée du sol le plus fertile, le plus cultivé, des régions les plus salubres de la colonie, dont elle est, du reste, incapable de tirer parti.....

La France possédait à quelques heures de Marseille, sous le méridien de Paris, le pays le plus beau, le plus admirable qui soit au monde.

Les chemins de fer et les services côtiers de navigation avaient réuni dans les mêmes intérêts d'échanges de produits toutes les populations de cette partie de l'Afrique.

On voyageait, il y a dix ans, du Maroc à Tunis, une badine à la main, lorsque le groupe d'Alger, qui détenait une partie des actions de la Banque coloniale, résolut de gouverner ce pays en dépit de la France. Il y a réussi en faisant main-basse sur la Banque qui n'est plus qu'une machine aspirante et électorale, à la merci de la représentation algérienne qui ne se préoccupe plus que d'assurer sa réélection en faisant ses affaires.

Aussi la ruine est-elle rapidement arrivée et la misère est-elle aiguë depuis dans les trois départements.

Les colons dépouillés meurent de chagrin ou s'expatrient; c'est par milliers que se chiffre l'exode.

Les indigènes se procurent de la poudre et fondent des balles, et les assassinats et les vols sont devenus l'état de choses ordinaire aujourd'hui (1).

La Banque mène la fête, elle convie à ses banquets les sénateurs, les députés, les conseillers généraux; tout ce monde se distribue le pouvoir, les places et les honneurs, et discrédite la France.

Jamais l'insurrection en masse des indigènes n'a été aussi proche. Nous avions autrefois l'estime des Arabes, aujourd'hui, voyant ce qui se passe, *ce dont ils sont également les victimes*, ils nous méprisent et regardent ailleurs.....

Il faut, il est nécessaire que les pouvoirs publics, qui ont souci de l'honneur de la patrie, de la dignité de la France, qui ont au cœur l'idée de sa grandeur et de sa prépondérance méditerranéenne, s'occupent enfin de notre Algérie qui a bien besoin d'être sauvée.....

(1) Voici une dépêche télégraphique qui m'arrive de Philippeville; je la publie sans commentaires.

ENCORE UN ASSASSINAT

Philippeville, 10 février. — M. Flandin, négociant et banquier à Jemmapes, a été assassiné dans la soirée d'hier, au moment où il rentrait chez lui. L'assassin est inconnu. L'arme dont il s'est servi a été retrouvée.

Cet assassinat ravive le souvenir du meurtre de M. Jouvenceau, l'agent de la Banque de l'Algérie, qui a été tué dans des conditions semblables l'année dernière, et produit une vive impression.

XV

LE BILAN DE LA BANQUE AU 31 DÉCEMBRE 1891

La Banque de l'Algérie a publié, à la date du 31 décembre 1891, le bilan suivant :

SITUATION DE LA BANQUE DE L'ALGÉRIE
au 31 décembre 1891 (1)

ACTIF

Encaisse de la Banque		28.566.042 71
Portefeuille :		
A Alger	33.172.022 50	74.931.181 24
Aux succursales	41.759.158 74	
Avances sur titres (Alger et succursales)		492.004 35
Effets à la caisse		7.290.907 47
Warrants		725.400 »
Hôtels de la Banque		2.311.179 14
Dépenses d'administration		113.055 35
Comptes extérieurs		22.270.968 05
Rentes sur l'Etat		10.088.741 40
Avances à l'Etat (Chambres de commerce)		1.382.986 15
Divers		8.616.819 96
		156.789.285 82

1. *Journal officiel de la République française*, 10 janvier 1892.

PASSIF

Capital		20.000.000 »
Billets en circulation		76.885.290 »
Comptes courants :		
A Alger	2.758.626 30	4.772.781 62
Aux succursales	2.014.155 32	
Trésor public		34.489.596 19
Trésoriers-payeurs L. C/C/		4.735.834 70
Agios et commissions		736.816 55
Dividende à payer		233 650 10
Réescompte (Alger et succursales)		426.761 19
Profits et pertes		36.059 37
Fonds de prévoyance		500.000 »
Réserve immobilière		2 311.179 14
Réserve extraordinaire		4.933.492 80
Réserve statutaire		6.666.666 66
Divers		61.157 50
		156 789.285 82

Alger, le 31 décembre 1891.

Le Directeur de la Banque de l'Algérie,
Signé : F. NELSON-CHIÉRICO.

Il ne m'est pas facile de contrôler l'exactitude de ces écritures, la comptabilité de la Banque de l'Algérie offrant matière à tant de surprises !

Cependant, il serait intéressant de savoir si l'article premier de l'*Actif*, dénommé :

ENCAISSE DE LA BANQUE

représente ici du numéraire et des billets de banque réunis, ou ne représente uniquement que du numéraire.

Ce qui me rend perplexe à cet égard, c'est que j'ai sous les yeux un compte-rendu détaillé des opérations de la Banque à la fin de l'exercice 1888-1889; il y est dit, à l'exposé de la situation :

« Que le *numéraire en caisse*, à Alger aussi bien qu'aux succursales, s'élève à la somme de 30,219,242 fr. 81 c.; il n'y est plus question d'autre *encaisse*, et cependant le rapport des censeurs mentionne textuellement que :

L'existant en caisse, tant en billets de banque qu'en métal, nous a été représenté et il a été reconnu conforme aux écritures. L'année précédente, à la fin de l'exercice 1887-1888, ces mêmes censeurs avaient *constaté l'existence dans la caisse de la Banque, au 31 octobre 18 8, d'une somme de fr. 27.69 1.343.66, tant en billets qu'en numéraire.*

Il y avait donc des billets de banque dans ces EXISTANTS EN CAISSE puisque le rapport des censeurs les mentionne et il est à supposer qu'il en existe un certain nombre dans l'ENCAISSE DE LA BANQUE au 31 décembre 1891, qui est de 28.566,042 fr. 71 c. Ne possédant aucune certitude, je me bornerai à mettre cet article en *observation*, tout en en signalant à qui de droit la vérification.

A cette date du 31 décembre 1891, la Banque de l'Algérie jouissait, dit-elle, d'un *Portefeuille* s'élevant à Alger et aux succursales à la somme de 74.931.181 fr. 24 c.

Le Portefeuille de la Banque de l'Algérie est bourré, personne ne l'ignore, de mauvaises valeurs. Quiconque habite l'Algérie depuis quelques années sait estimer la valeur du Portefeuille de notre Banque coloniale ; nous savons tous ce que peuvent représenter ces soixante-quinze millions de papier; tous nous savons que tel qui doit aujourd'hui trois cent mille francs de ce Portefeuille de la Banque ne pourrait en restituer la moindre fraction si cette fraction était exigée; nous savons aussi que la Banque est la plupart du temps obligée de faire les avances des timbres et des agios, pour obtenir des renouvellements.

On sait enfin qu'il n'y a rien de solide dans la composition des valeurs qui meublent ce Portefeuille, car les souscripteurs et les endosseurs sont à la merci du caprice du directeur général et des lubies des directeurs de succursales et qu'avec la Banque de l'Algérie, il n'y a pas plus de raisons pour fermer les guichets à un emprunteur qui a mal voté aux dernières élections, qu'il n'y en a eu pour les lui ouvrir tout grands alors qu'il était en faveur...

J'ai sous les yeux la situation d'un débiteur ordinaire de la Banque; ce débiteur lui doit 764,000 francs *à découvert* qui sont représentés par des billets qu'il ne renouvelle même pas pour s'éviter les frais de timbre! Ces billets figurent cependant parmi le Portefeuille de la Banque!

Donc, prisant ce Portefeuille à sa valeur probable, sans tenir compte des motifs électoraux et politiques ou des lubies qui l'ont créé — je l'estime, et en cela M. Chiérico voudra bien reconnaître, lui qui peut voir au fond des choses, que je suis plus généreux qu'il le serait lui-même s'il était à ma place — je l'estime, dis-je, à cinquante pour cent en perte sur sa valeur annoncée, bien que je sois absolument convaincu qu'à ce taux il est encore irréalisable et j'inscris de ce chef perte : 37,465.590 fr. 62 c.

Ce même bilan, fait figurer à son actif pour 7.290.907 fr. 47 c. d' « Effets à la Caisse ».

Qu'entend-on ordinairement par « Effets à la Caisse » ?

Il est de règle dans les banques sérieuses, je ne parle pas ici de la Banque de l'Algérie, qui, d'abord, n'est pas sérieuse et qui pratique ensuite en dehors de toutes les règles, que les « Effets à la Caisse » s'entendent de toutes les valeurs remises aux caissiers cinq jours avant l'échéance et de toutes celles qui vont au protêt, et dont la caisse est débitée tant qu'elle les détient pour les faire payer, les faire renouveler ou faire constater leur non-paiement.

A la Banque de l'Algérie, où l'on interprête les textes avec toute cette élasticité qui fait la juste renommée dont jouit cet établissement, on entend par « Effets à la caisse » les valeurs non payées à leur échéance autrement dites en souffrance. Ces valeurs ne disparaissent de la Caisse que pour aller augmenter les divers comptes, ce qui ne change absolument rien à la balance du bilan, seulement la Banque de l'Algérie, qui emploie à déguiser sa position toutes les subtilités possibles, n'a pas la franchise d'avouer sa situation réelle en passant ces non-valeurs par *Profits et Pertes*. C'est qu'elle pense qu'il y aurait diminution dans ses dividendes et, par contre, baisse sur les cours de ses actions qui n'en ont pas moins, malgré et peut-être bien à cause de ces précautions, *dégringolé de 1135 francs* depuis le *coup de Bourse*! (1).

Cette catégorie des « Effets à la Caisse », ne varie guère du reste.

Nous la trouvons :

Au 31 octobre 1880...	à fr.	8.680.352 07
Au 31 mai 1890........		7.275.343 78
Au 31 octobre 1890...		9.226.465 78
Au 31 mai 1891........		7.578.859 68
Au 30 juin 1891		7.624.110 18
Au 31 décembre 1891.		7.290.907 47 (2)

La Banque de France n'a, à cette date du 31 décembre 1891, que pour 193.398 fr. 23 c. d'Effets à la Caisse, alors qu'elle marche sur un chiffre de 4.262.204.266 fr. 15 c. La Banque de l'Algérie, qui, elle, arrive à peine à 157.000 000 d'affaires, trouve

(1). Cours officiel de la bourse de Paris, au 6 février 1892. Cote des actions de la Banque de l'Algérie, 1.100 francs.
(2). Elle est au 31 janvier 1892, à 8.920.750 fr. 96 c.

le moyen d'avoir pour 7.290.907 fr. 47 c. de ces effets à la caisse ! ! Quelles finances, mon Dieu !

On ne peut mieux avouer qu'on a une somme égale de valeurs impayées à leurs échéances, qui vont pour la plupart, c'est-à-dire quand les endosseurs ou souscripteurs auront pris la peine de passer aux guichets de la Banque pour remplir la formalité du renouvellement *avec ou sans agios*, augmenter d'autant le portefeuille à Alger et aux succursales.

Il y a donc lieu de diminuer l'actif de ces 7.290.907 fr. 47 c.

Après ce compte, on nous donne celui des *Hôtels de la Banque*, qui figurent immuablement au mépris de l'art. 37 des statuts, pour 2.311.179 fr. 14 c. dans tous les inventaires de la Banque, depuis un nombre d'années qui se perdent dans les temps reculés de la direction Chiérico.

La Banque de l'Algérie oublie trop facilement qu'elle est la cause immédiate de la dépréciation des immeubles algériens.

Que c'est elle qui les a dépréciés pour obtenir à vil prix ces belles propriétés, ces beaux immeubles qu'elle avait convoités.

Ces *hôtels de la Banque*, quels prix se vendront-ils quand, dans quelques années, dans quelques mois peut-être, il faudra les réaliser ?

Hélas ! ils se vendront dans les mêmes proportions que les immeubles voisins ont été vendus quand la Banque se les fait adjuger, car c'est elle qui en a établi les cours quand elle les a désirés, c'est-à-dire à cinquante pour cent au moins au-dessous de leur prix d'estimation dans ce bilan par trop complaisant et d'ailleurs rédigé par des comptables trop intéressés à sa majoration.

Il y aurait donc à enregistrer sur cet article de comptabilité une nouvelle perte de 1.155.589 f. 57 c.

Mais je trouve trop de critiques dans les autres chapitres pour chicaner la Banque sur celui-la, et je ne veux pas faire ce que fait la Banque, *je ne veux pas déprécier les immeubles algériens*. Je me contenterai, comme pour le *numéraire en caisse*, de mettre ce chapitre en observation!

ET LES « COMPTES EXTÉRIEURS »

Pour une appellation élastique, voilà ce qu'on peut nommer une appellation élastique que celle de COMPTES EXTÉRIEURS, qui sert à désigner à la Banque de l'Algérie ce que M. Chiérico *ne veut pas qu'on sache*.

Il n'y en a que pour 22.270.968 fr. 05 c. (1)

Ces comptes *extérieurs* sont *extérieurs* à tout. Ils sont ainsi dénommés parce qu'ils sont également extérieurs aux statuts, aux règlements d'organisation et aux conditions d'existence de la Banque de l'Algérie.

Ils comprennent le total avoué des expropriations

(1) Au 31 janvier 1892, il y en avait pour 23.166.747.54

faites et provoquées par cet établissement à son profit et qui n'ont pas été encore réalisées.

Suivons graduellement ce total :

Le 31 octobre 1889, il est de	Fr.	12.038.472 73
Le 31 mai 1890, il est de....		15.331.773 75
Le 30 juin 1890, il est de....		15.404.107 52

Tout à coup, quatre mois après, le 31 octobre 1890, il arrive à 23.114.841 fr. 48 c. pour finir le 30 juin 1891 à 24.294 777 fr. 41 c. dévorant, dans l'espace d'une année, la somme énorme de 8.890.669 fr. 89 c.

Dans tous les cas, *absorbant à l'heure actuelle le chiffre fou, la somme insensée de* 22.270.968 f. 05 chiffre supérieur de 2.270 968 fr. 05 c. au capital social de la Banque de l'Algérie, qui n'est que de 20.000.000 de francs !

La Banque de l'Algérie n'a donc plus de capital disponible !

Elle est donc au-dessous de ses affaires rien que par ce fait, puisqu'elle déclare qu'elle a enseveli à l'*extérieur* 22.270.968 fr. 05 c.

Elle le déclare, mais tout indique qu'elle a encore majoré ce chiffre, car nous savons que son *Domaine* est une cause de dépenses et non de revenu pour elle.

On peut admettre que les comptes suivants :

Avances sur titres..........	Fr.	492.004 35
Warrants....................		725.400 »

Dépenses d'administration..Fr.	113.055 35
Rentes sur l'Etat..............	10.058.741 40
Avances aux chambres de Commerce......................	1.382.986 15

soient à peu près l'expression de la vérité.

Avec la Banque de l'Algérie on ne sait jamais à quoi s'en tenir.

Il reste le compte *Divers* : **8,616,819** fr. **96** c.

Pense-t-on que cette *diversité* anonyme soit précisément la fleur du panier de cette Banque, que la Tunisie refuse avec énergie de nous emprunter à n'importe quel prix, et elle fait bien !

Ce n'est pas supposable, et on ne court pas grand risque en admettant que cette diversion ne tend à déguiser que 50 pour 100 de *fictif* sous cette désignation.

Il convient donc d'ajouter ici : 4,308,409 fr. 98 c.

Ce qui fait que :

Le déficit provenant de la composition du *Portefeuille*.....................Fr.	37.465.590 62
Celui résultant des *Effets à la Caisse*...	7.290 907 47
Ajouté à la plus-value fictive donnée par la Banque à ses acquisitions par suite d'expropriations, dont le total annoncé par elle doit être considéré comme majoré de moitié, *comptes extérieurs*............................	11.135.484 02
Enfin, au rabais sur le chapitre divers..	4.308.409 98
Forment un total de :.......	60.200.392 09

Sommes irréalisables, perdues, n'existant plus.

Ce qui réduit l'*actif* de la Banque de l'Algérie au 31 décembre 1891 à la somme de 96.588.893 fr. 73 c. pour faire face au *Passif* avoué par elle, à cette date, de : 156,789,285 fr. 82 c., et présente un *deficit* net de : **60.200.392** fr. **09** c.

Et réserves sont faites pour le numéraire en caisse et la valeur des hôtels de la Banque qui ont été déjà mis en *observation.*

La Banque de l'Algérie EST DONC EN DÉFICIT, c'est aujourd'hui prouvé ; elle ne saurait exister encore, et *au lieu et place d'un renouvellement de privilège, c'est* **sa liquidation immédiate** *qui est devenue nécessaire.*

CAR TOUT SON CAPITAL a depuis longtemps disparu, et elle ne se maintient qu'avec SA MONNAIE FIDUCIAIRE, et au train rapide dont elle continue sa marche, *si el e n'est* SUBITEMENT ET IMMÉDIATEMENT ARRÊTÉE, il lui faudra bien peu de mois pour que ses billets, déjà diminués de valeur dans une proportion hors de toute prévision, ne représentent plus que le prix du vieux papier vendu au kilogramme aux chiffonniers.

Et il est d'autant plus urgent de l'arrêter dans sa déconfiture, que pour pallier ses déficits elle s'empare graduellement de tout le sol cultivé de l'Algérie.

On trouvera ici, en parallèle, le bilan au 31 décembre 1880, direction Chevallier, et le bilan au 31 décembre 1891, direction Chiérico.

Le lecteur jugera avec chiffres à l'appui de la situation dans laquelle M. Chiérico a enlisé l'établissement qui lui a confié ses destinées.

SITUATION DE LA BANQUE DE L'ALGÉRIE

au 31 decembre 1880 (1)

ACTIF

Numéraire en caisse :		
A Alger...........	11.491.235 49	28.721.709 44
Aux succursales...	17.230.473 96	
Portefeuille :		
A Alger...........	21.475.034 24	58.230.728 80
Aux succursales...	36.755.694 56	
Effets à la caisse :		
A Alger...........	1.539.662 01	1.957.820 21
Aux succursales...	418.158 20	
Warrants..............................		216.080 »
Hôtels de la Banque................		1.707.139 64
Dépenses d'administration (Alger et succursales.......................		101.826 43
Comptes extérieurs..................		7.060.524 84
Rentes sur l'Etat (application de la loi du 3 avril 1880).....................		2.809.835 20
Bons du Trésor (application de la loi du 3 avril 1880).....................		2.197.000 »
Actions à émettre....................		10.000.000 »
Divers................................		»
		113.002.664 56

(1) *Journal officiel de la République française*, 11 janvier 1881

PASSIF

Capital		20.000.000 »
Billets en circulation :		
A Alger	39.635.480 »	53.883.520 »
Aux succursales	14.248.040 »	
Comptes-courants sur place :		
A Alger	4.606.163 82	7.096.547 77
Aux succursales	2.490.383 95	
Trésor public		21.534.872 96
Trésoriers-payeurs, leurs comptes-courants :		
A Alger	720.000 »	2.589.637 43
Aux succursales	1.869.637 43	
Récépissés payables à vue :		
A Alger	550.233 20	786.933 20
Aux succursales	236.700 »	
Agios de l'escompte et intérêts divers (Alger et succursales)		462.776 87
Dividende à payer		139.266 50
Profits et pertes		101.108 93
Réserve immobilière		1.707.139 64
Fonds de prévoyance		127.869 56
Réserve extraordinaire		1.100.000 »
Réserve statutaire		3.333.333 33
Divers		139.658 37
		113.002.664 56

Alger, le 1er janvier 1881.

Le directeur de la Banque de l'Algérie,

Signé : E. CHEVALLIER.

SITUATION DE LA BANQUE DE L'ALGÉRIE

au 31 décembre 1891 (1)

ACTIF

Encaisse de la Banque		28.566.042 71
Portefeuille :		
A Alger	33.172.022 50	74.931.181 24
Aux succursales	41.759.158 74	
Avances sur titres (Alger et succursales)		492.004 35
Effets à la caisse		7.290.907 47
Warrants		725.400 »
Hôtels de la Banque		2.311.179 14
Dépenses d'administration		113.055 35
Comptes extérieurs		22.270.968 05
Rentes sur l'État		10.088.741 40
Avances à l'État (chambres de commerce)		1.382 986 15
Divers		8.616.819 96
		156.789.285 82

PASSIF

Capital		20.000.000 »
Billets en circulation		76.885.290 »
Comptes courants :		
A Alger	2.758.626 30	4 772.781 62
Aux succursales	2.014.155 32	
Trésor public		34.489.596 19
Trésoriers-payeurs, leurs comptes-courants		4.735.834 70
A reporter		140 883.502 51

(1) *Journal officiel de la République française*, 10 janvier 1892.

Report.......	140.883.502	51
Agios et commissions................	736.816	55
Dividende à payer..................	233.650	10
Réescompte (Alger et succursales).....	426.761	19
Profits et pertes...................	36.059	37
Fonds de prévoyance.................	500.000	»
Réserve immobilière...............	2.311.179	14
Réserve extraordinaire..............	4.933.492	80
Réserve statutaire..................	6.666.666	66
Divers............................	61.157	50
	156.789.285	82

Alger, le 31 décembre 1891.

Le directeur de la Banque de l'Algérie,

Signé : F. Nelson-Chiérico.

XIV

LES STATUTS DE LA BANQUE DE L'ALGÉRIE

TITRE PREMIER

Art. 6. — Les billets sont remboursables à vue au siège de la Banque et de ses succursales.

« Remboursables » veut dire payables en numéraire. Or, allez donc essayer de vous faire rembourser aux guichets de la Banque une somme quelconque en espèces. D'abord on vous la refusera; puis, si vous insistez trop, on finira par se rendre à vos sollicitations et vous verrez l'usure pointer dans la petite opération de change. On vous vendra moyennant *prime* les espèces métalliques auxquelles vous avez droit de par votre billet payable au porteur et de par l'article 6 des statuts de la Banque, et, comme vous êtes pressé, que le train va partir, que vos affaires n'attendent pas, au lieu d'envoyer l'huissier qui saurait, lui, vous faire payer en espèces, vous donnez au guichet de la Banque la petite prime exigée et le tour est joué : vous avez payé votre tribut à l'usure.

La Banque de l'Algérie ne peut prétendre que ses billets ont cours forcé, la loi du 12 août 1850, qui dit à l'article 2 : « Jusqu'à nouvel ordre, la Banque est dispensée de rembourser ses billets avec des espèces », ayant été rapportée le 3 avril 1880.

Art. 9. — Le capital est fixé à 20.000.000 — le capital produit par la nouvelle émission, soit 10.000.000, devra être placé en valeurs de l'État français.

La Banque est autorisée à placer en valeurs de l'État français les 10.000.000 formant la partie déjà réalisée de son capital social.

Art. 14. — *La Banque ne peut, en aucun cas et sous aucun prétexte, faire d'autres opérations que celles qui lui sont permises par les présents statuts.*

Art. 15. — Les opérations de la Banque consistent :

1° A escompter les lettres de change et autres effets à ordre ainsi que les traites du Trésor public et des caisses publiques ;

2° A escompter les obligations négociables, garanties par des récépissés de marchandises déposées dans des magasins publics agréés par l'État, par des transferts de rentes françaises ou de dépôts de lingots, de monnaie ou de matières d'or et d'argent ;

3° A prêter sur effets publics (rentes françaises), en se conformant à la loi du 17 mai 1834 et à l'ordonnance du 15 juin suivant, et à faire des avances sur les mêmes valeurs que la Banque de France et en outre sur les obligations des chemins de fer de l'Algérie ayant une garantie départementale, ainsi que sur les obligations des villes cotées à la Bourse de Paris.

L'avance ne pourra excéder les trois cinquièmes de la valeur des titres, d'après le dernier cours connu de la Bourse de Paris.

Les titres nominatifs devront être immédiatement transférés à la Banque.

L'emprunteur s'engagera à couvrir la Banque du montant de la baisse qui pourra survenir dans le cours, lorsque cette baisse dépassera 20 pour 100.

Faute par l'emprunteur de satisfaire à cet engagement, la Banque aura le droit de faire vendre les titres à la Bourse de Paris par le ministère d'un agent de change, savoir :

1° A défaut de couverture huit jours après une simple mise en demeure par acte extrajudiciaire ;

2° A défaut de remboursement trois jours après l'échéance, sans qu'il soit besoin de mise en demeure ni d'aucune autre formalité.

La Banque se remboursera sur le produit net de la vente en capital, intérêts et frais, le surplus, s'il y a lieu, sera remis à l'emprunteur.

3° L'échéance de ses engagements ne pourra excéder quatre vingt dix jours.

4° A recevoir en comptes courants sans intérêts les sommes qui lui sont déposées; à se charger pour le compte des particuliers ou pour celui des établissements publics, de l'encaissement des effets qui lui sont remis, et à payer tous mandats et assignations jusqu'à concurrence des sommes encaissées;

5° A recevoir exceptionnellement et d'après une délibération de son Conseil d'administration en comptes courants à intérêts, les fonds des grands établissements financiers ou autres pour la facilité des crédits ouverts sur ses caisses, en vue de travaux d'intérêt public et de ses dispositions par mandats sur la France, à ouvrir des relations avec la Banque de France pour des opérations de recouvrements et d'escomptes;

6° A recevoir moyennant un droit de garde le dépôt volontaire de tous titres, lingots, monnaies et matières d'or et d'argent;

7° A émettre des billets payables au porteur et à vue, des billets à ordre des traites ou mandats.

Cette longue énumération, essentiellement limitative, des *opérations* auxquelles la Banque est autorisée à se livrer, est absolument muette sur les importantes *opérations*, extérieures aux statuts qui forment cependant le fonds le plus courant des *opérations*, auxquelles elle se livre aujourd'hui. C'est ainsi qu'il est constaté que les agents de la Banque ont pour principale occupation de trafiquer de terrains et bâtiments, de vendre et d'acheter des vins, des blés, des bois, des charbons, des bœufs, des porcs et d'autres animaux, toutes choses, enfin, très étrangères, ou tout au moins extérieures, au programme d'un établissement de crédit !

Article 16. — La Banque reçoit à l'escompte les effets à ordre timbrés payables en Algérie ou en France portant la signature de deux personnes au moins notoirement solvables et dont l'une au moins doit être domiciliée à Alger ou au siège de l'une des succursales.

L'échéance de ces effets ne doit pas dépasser *cent jours de vue.*

La Banque refuse d'escompter les effets dits de circulation créés collusoirement entre les signataires sans cause ni valeur réelles.

De même que les autres, cet article des statuts est violé tous les jours. Il n'y a pas que l'exemple du commis de Bône, souscrivant à son patron 450,000 francs de billets, dont il endosse lui-même une partie à la Banque, en signant par procuration de son patron et que la Banque accepte, alors que le patron ne vaut rien et que le commis vaut encore moins, comme solvabilité s'entend.

Ce fait est devenu public parce qu'il est apparu au grand jour à une réunion de créanciers de faillite, mais combien d'autres faits semblables passent inaperçus !

Voilà la morale! voilà la solidité du crédit!

PARTAGE DES BÉNÉFICES

Art 35. — Tous les six mois, aux époques des 1er mai et 1er novembre, les livres et comptes sont arrêtés et balancés et le résultat des opérations de la Banque est établi.

Les créances en souffrance ne peuvent être comprises dans le compte de l'actif pour un chiffre excédant la moitié de leur valeur nominale.

Le bilan de la Banque établit le compte des bénéfices nets acquis pendant le semestre, déduction faite de toutes les charges.

Art. 36. — Sur ces bénéfices, il est prélevé d'abord une somme suffisante pour servir aux actionnaires l'intérêt du capital versé à raison de 6 pour 100 l'an. (Décret du 12 mars 1859.)

Art. 37. — Le surplus de ce bénéfice leur est attribué à titre de dividende, sauf les prélèvements ci-après.

Un tiers est prélevé pour être affecté à la constitution du fonds de réserve ordinaire fixé au maximum à un tiers du capital réalisé. (Décret du 30 mars 1861.)

Lorsque les bénéfices, déduction faite des intérêts à 6 pour 100 et après la constitution du fonds de réserve ordinaire, dépassent pour le semestre 3 pour 100 du capital réalisé, il est prélevé sur l'excédant une somme déterminée par le Conseil d'administration et destinée : 1° à constituer un fonds de réserve extraordinaire concurremment avec les ressources mentionnées à l'article 24 ci-dessus; 2° à l'amortissement intégral des immeubles possédés par la Banque.

Art. 38. — En cas d'insuffisance des bénéfices, le complément nécessaire pour servir l'intérêt à 6 pour 100 aux actionnaires est prélevé d'abord sur le fonds de réserve extraordinaire et à défaut de celui-ci sur le fonds de réserve ordinaire.

Art. 39 — Indépendamment des prélèvements indiqués ci-dessus (art. 37), un versement a lieu chaque semestre à la caisse de réserve aux fins et suivant les conditions déterminées par l'article 32.

Art. 40. — Aucune répartition d'intérêt et de dividende ne peut avoir lieu sans l'approbation du ministre des Finances.

Il n'est ici question que de bénéfices !

Je viens de démontrer que la Banque de l'Algérie est en déficit ; pourquoi continue-t-elle à distribuer des dividendes de quarante francs par action et par semestre ? (1)

C'est une DISTRIBUTION FICTIVE. Où il y a perte, il ne peut y avoir de bénéfices à répartir. La Banque espère peut-être dans la fortune territoriale qu'elle s'est taillée à coups de billets fiduciaires ?

Elle commet une erreur grave.

Les grandes propriétés engendrent la misère, je n'ai même pas besoin de citer l'Irlande ; j'ai démontré précédemment qu'avec ses nombreux et vastes immeubles, la Banque ne faisait pas exception à la règle : *Latifundia perdidere Italiam.*

(1) Cette année, par exception, elle ne distribue que 35 francs ; il faut lui savoir gré de cet accès de franchise qui n'est pas dans ses coutumes.

La division de la terre, ainsi qu'elle est établie en France, est la condition de la prospérité d'un pays.

Mais ces Néo-Banquiers de la dernière heure, dont le rôle tracé par la loi, est d'éviter complètement la propriété foncière qui immobilise les capitaux, *ne rêvent que domaines immenses !*

En effet, depuis qu'ils ont trouvé asile à la Banque, ils ont toutes les ambitions.

Ils devraient s'estimer trop heureux d'exercer en paix une fonction lucrative qu'ils auraient pu rendre honorable pour eux et bienfaisante pour le public ; mais il semble qu'à leurs yeux ce ne soit là qu'une étape sur le chemin de la fortune mobilière et immobilière.

On dirait qu'ils ne voient dans le maniement des fonds de circulation qu'un moyen de faire graviter vers eux la propriété foncière et d'accaparer le territoire de l'Algérie.

Ces républicains du surlendemain, éloquents sans doute à flétrir l'ancienne féodalité, ne rêvent que de grands domaines.

Ces arbitres de l'émission se taillent des fiefs avec des ouvertures de crédits et se constituent des baronnies à coups d'expropriations.

De modestes escompteurs qu'ils devraient être, ils se voient déjà transformés, pour le service de leur absorbant établissement, en seigneurs terriens.

Il est doux de s'être couché simple chevalier de

la finance et de se réveiller marquis de Carabas, ne fût-ce que par procuration.

Leur ambition n'a d'égale que la folie dont ils sont atteints, et que Dieu leur a envoyée parce qu'il veut les perdre.

L'article 37 dit encore § 3 « que lorsque les béné-
« fices, déduction faite des intérêts à 6 pour 100,
« et après la constitution du fonds de réserve
« ordinaire, dépassent pour le semestre 3 pour 100
« du capital réalisé il est prélevé sur l'excédant
« une somme destinée :

« 1° A constituer un fonds de réserve extraordi-
« naire ;

« 2° A l'amortissement intégral des immeubles
« possédés par la Banque. »

Les actions de la Banque sont de cinq cents francs, les intérêts à six pour cent donnent trente francs et elle a distribué, en moyenne, quatre-vingt-dix francs annuellement depuis dix ans ! Donc il y a bénéfice, dit-elle, et cependant elle ne verse pas un centime au fonds de réserve extraordinaire qui était le 31 octobre 1889, de 4.933.492 fr. 80 c. et est encore, à la date du 31 décembre 1891, de 4.933.492 fr. 80 c.

Ce que je trouve *d'extraordinaire*, c'est la *réserve* apportée par la Banque dans l'observation du troisième paragraphe de l'article 37 de ses statuts : 1° *A constituer un fonds de réserve extraordinaire.*

Il en est de même pour la seconde partie : *A l'amortissement intégral des immeubles possédés par la Banque.*

Elle n'amortit plus un centime de la valeur, *sur le papier*, des immeubles qu'elle possède.

Ils étaient le 31 octobre 1889 de 2.311.179 fr. 14 c.

Ils sont encore au 31 décembre 1891 de 2.311.179 fr. 14 c.

Par conséquent : fictifs à l'*actif*, fictifs au *passif*.

C'est que la Banque a voulu augmenter la somme à distribuer en *dividende*, afin de maintenir les cours de ses actions qui n'en ont pas moins subi une baisse sans proportion avec ses prétentions déjà jugées dans le public.

Donc de ce chef :

Distribution de dividendes fictifs.

Sommes détournées :

1° *Du fonds de réserve extraordinaire ;*

2° *De l'amortissement des immeubles.*

Et à cet égard, des dividendes fictifs ayant été anti-statutairement distribués, il n'y aurait rien d'impossible à ce que les actionnaires qui ont encaissé ces dividendes se trouvent bientôt dans l'obligation de les restituer.

Aux termes de l'article VI de la loi organique du 4 août 1851, « le montant des billets en circulation, « cumulé avec celui des sommes dues par la Ban- « que en compte-courant, ne pourra excéder le « triple du numéraire existant en caisse. »

En admettant, ce que je ne crois pas, que l'encaisse de la Banque au 31 décembre 1891 ait été entièrement composée de numéraire, cette encaisse figure pour la somme de 28.566.042 fr. 71 c.

Le montant des billets en cicula-
tion . . . . 76.885.290 »

Cumulé avec celui des sommes dues par la Banque en compte courant, soit :

Comptes courants à la Banque, 4.772.781 fr. 62 c.

Comptes courants du Trésor public, 34.489.596 tr. 19 c.

Comptes courants des Trésoriers-payeurs 4.735.834 fr. 70 c.

43 998.212 50

Donne 120.883.502 50

Si on multiplie par 3 le numéraire prétendu exister en caisse, on trouve 85.698.128 fr. 13 c., chiffre que devrait former le produit de cette multiplication, au lieu de 120 883.502 fr. 51 c., chiffre existant, cependant, en dépit de l'article VI précité.

En conséquence, la Banque de l'Algérie a dépassé, au 31 décembre 1891, de 35.185.374 fr. 38 c. la somme que son privilège d'émission de monnaie fiduciaire l'autorise à répandre dans la circulation.

Et comme cette accapareuse a disposé de l'argent du Trésor public et de celui des Trésoriers-payeurs, ensemble 39.225 330 fr. 89 c., que son encaisse (si encaisse il y a !) est inférieure de 10,659.288 fr. 18 c. au montant de ces dépôts, elle est dans l'impossibilité absolue de rembourser le Trésor de l'Etat, qui par suite de sa confiance si mal placée est devenu le commanditaire, *par force*, de la Banque de l'Algérie.

A la même date du 31 décembre 1891, la Banque de France devait au Trésor public la somme de 298.839.739 fr. 93 c., mais elle possédait :

En or.	1.337.571.626 fr. 96 c.
En argent. . .	1.254.228.284 fr. 12 c.
Ensemble :	2.591.799.911 fr. 08 c.

Elle devait en outre en comptes courants : 441.646.797 fr. 99 c. ; elle avait en circulation : 3.194.394.846 francs de billets de banque, n'arrivant même pas à atteindre avec la totalisation de ces comptes le double du numéraire existant dans ses caisses.

On voit que la comparaison n'est pas flatteuse pour la Banque de l'Algérie et que ce n'est pas elle que l'on peut citer en modèle aux élèves financiers.

Voici, du reste, la situation de la Banque de France aux 24 et 31 décembre 1891, extraite du *Journal officiel de la République française* du 1er janvier 1892 :

BANQUE DE FRANCE ET SUCCURSALES

Situation hebdomadaire

ACTIF		81 décembre 1891 MATIN		24 décembre 1891 MATIN
Encaisse de la Banque (1)		2.591.799.911 08		2.603.736.895 96
Effets échus hier à recevoir ce jour		193.398 33		25.914 23
Portefeuille de Paris — Effets sur Paris		389.514.734 67		235.3[illegible]4.729 24
Portefeuille de Paris — Effets sur l'étranger		» »		» »
Portefeuille de Paris — Oblig. du Trésor à court terme		» »		» »
Portefeuille des succursales		467.066.062 »		411.070 999 »
Avances sur lingots et monnaies à Paris		15.754 900 »		14.364.900 »
Avances sur lingots et monnaies dans les succursales		1.037.9[illegible]0 »		936.900 »
Avances sur titres à Paris		141.432 224 73		137.278.292.24
Avances sur titres dans les succursales		179.984.724 »		179.130.[illegible]84 »
Avances à l'Etat (convent. des 10 juin 1857, 29 mars 1878 et 30 mars 1888)		140.000.000 »		140.000.000 »
Rentes de la réserve :				
Loi du 17 mai 1834	(a)	10.000.000 »	(a)	10.000.000 »
Ex-banques départementales	(b)	2.980.750 14	(b)	2.980.750 14
Rentes disponibles		99.615 017 29		99.615.017 29
Rentes immobilisées (loi du 9 juin 1857) y compris (c) 9,125,000 de la réserve	(c)	100.000.000 »	(c)	100.000.000 »
Hôtel et mobilier de la Banque	(d)	4.000.0[illegible]0 »	(d)	4.000 000 »
Immeubles des succursales		9.211.739 »		9.199.014 »
Dépenses d'administration de la Banque et des succursales		32.369 05		6.983.282 80
Emploi de la réserve spéciale	(e)	9.907.444 16	(e)	9.907.444.16
Divers		99.673.091 70		95.946 172 09
		4.262 204.266 15		4.060.511.195 12

PASSIF		
Capital de la Banque	182.500.000 »	182.500.000 »
Bénéfices en addition au capital (art. 3, loi du 9 juin 1857)	8.002.313 54	8.002.313 54
Réserves mobilières :		
Loi du 17 mai 1834	(a) 10.000.000 »	(a) 10.000.000 »
Ex-banques départementales	(b) 2.980.750 14	(b) 2.980.750 14
Loi du 9 juin 1857	(c) 9.125.0 0 »	(c) 9.125.000 »
Réserve immobilière de la Banque	(d) 4.000.000 »	(d) 4.000.000 »
Réserve spéciale	(e) 9.907.444 16	(e) 9.907.444 16
Billets au porteur en circulation (Banque et succursales)	3.194.394.445 »	3.011.007.845 »
Arrérages de valeurs transférées ou déposées	10.256.592 76	10.781.415 20
Billets à ordre et récépissés payables à Paris et dans les succursales	36.556.837 50	38.046.456 62
Compte courant du Trésor, créditeur	298.839 739 93	290.667.791 15
Comptes courants de Paris	372.265.575 99	385.843.066 72
Comptes courants dans les succursales	69.381.222 »	49.757.893 »
Dividendes à payer	13.953.163 05	1.787.416 70
Escompte et intérêts divers à Paris et dans les succursales	995.774 23	12.981.36[illegible] 66
Réescompte du dernier semestre à Paris et dans les succursales	1.606.237 48	1.357.644 16
Divers	37.438.830 37	31.764.797 57
	4.262.204.266 15	4.060.511.195 21

Certifié conforme aux écritures :

Le gouverneur de la Banque de France,

J. Magnin.

---

1. Décomposition de l'Encaisse :

	Au 31 décembre 1891	*Au 24 décembre 1891*
Or	1.337.571.626 96	1.345.679.313 04
Argent	1.254.228.284 12	1.258.057.582 92
	2.591.799.911 08	2.603.736.895 96

M. Chiérico et son entourage ne manquent jamais de faire retomber sur l'administration de M. Chevallier tout l'odieux de leurs actes. Voici cependant un fait incontestable, c'est la situation de la Banque de l'Algérie au 31 décembre 1880, extraite du *Journal officiel* du mardi 11 janvier 1881, publiée à la date du 1er janvier 1881, sous la signature de M. E. Chevallier :

SITUATION DE LA BANQUE DE L'ALGÉRIE
au 31 décembre 1880 (1)

ACTIF

Numéraire en caisse :		
A Alger	11.491.235 49	28.721.709 44
Aux succursales	17.230.473 96	
Portefeuille :		
A Alger	21.475.034 24	58.230.728 80
Aux succursales	36.755.691 56	
Effets à la caisse :		
A Alger	1.539 662 01	1.957.820 21
Aux succursales	418.158 20	
Warrants		216.080 »
Hôtels de la Banque		1.707.139 64
Dépenses d'administration (Alger et succursales)		101.826 43
Comptes extérieurs		7.060.524 84
Rentes sur l'État (application de la loi du 3 avril 1880)		2.809.835 20
A reporter		100.805.664 56

1. *Journal officiel de la République française*, 11 janvier 1881.

Report......		100.805.664 56
Bons du Trésor (application de la loi du 3 avril 1880)........................		2.197.000 »
Actions à émettre........................		10.000.000 »
Divers..............................		»
		113.002.664 56

PASSIF

Capital..............................		20.000.000 »
Billets en circulation :		
A Alger...........	39.635.480 »	53.883.520 »
Aux succursales...	14.248.040 »	
Comptes-courants sur place :		
A Alger...........	4.606.163 82	7.096.547 77
Aux succursales...	2.490 383 95	
Trésor public........................		21.534.872 96
Trésoriers-payeurs, leurs comptes-courants :		
A Alger...........	720.000 »	2.589.637 43
Aux succursales...	1.869.637 43	
Récépissés payables à vue :		
A Alger...........	550 233 20	786.933 20
Aux succursales...	236.700 »	
Agios de l'escompte et intérêts divers (Alger et succursales)...............		462.776 87
Dividende à payer....................		139.266 50
Profits et pertes....................		101.108 93
Réserve immobilière..................		1.707.139 64
Fonds de prévoyance..................		127.869 56
Réserve extraordinaire...............		1.100.000 »
Réserve statutaire...................		3.333.333 33
Divers...............................		139.658 37
		113.002.664 56

Alger, le 1er janvier 1881.

Le directeur de la Banque de l'Algérie,

Signé : E. CHEVALLIER.

On remarquera que le premier chapitre de l'actif s'appelle *Numéraire en Caisse* et non *Encaisse de la Banque*, désignation vraiment par trop commode de M. Chiérico, qui permet de mélanger du papier aux espèces, ainsi que je viens de le démontrer.

A cette époque (1880), si critiquée aujourd'hui ! le montant des billets en circulation 53.883.520 »
Cumulé avec celui des comptes courants. 7.096.547 77
Celui du Trésor public 21.534.872 96
Et celui des trésoriers-payeurs. . 2.589.637 43

Arrivait à 85.104.578 16

n'atteignant même pas le triple du numéraire existant en caisse, soit :

28.721.709 fr. 44 c. × 3 = 86.165,128 fr. 32 c.

que la direction actuelle de la Banque de l'Algérie a si bien su dépasser des 35.185.374 fr. 38 c. signalés plus haut.

C'est qu'entre les deux directions il y a une différence : l'une était honnête et loyale, sage et prudente ; l'autre *est tout ce que l'on veut*, honnêteté et loyauté, sagesse et prudence exceptées. Les faits sont là pour faire la preuve et confirmer mes assertions. La Banque de l'Algérie est à présent jugée, et il n'y a pas de temps à perdre pour l'arrêter dans ses méfaits.

Puisque aujourd'hui les pouvoirs publics sont prévenus qu'ils avisent au plus tôt, la France et l'Algérie comptent sur leur vigilance.

TITRE III

Dispositions générales

Art. 77. — Dans le cas, où, par suite de pertes sur les opérations de la Banque, le capital serait réduit de deux tiers, la liquidation de la Société a lieu de plein droit.

En cas de dissolution le ministre des Finances déterminera le mode à suivre pour la liquidation et désignera les agents qui en seront chargés.

Le capital de la Banque est de 20.000.000 de francs.

La somme des deux tiers de ce capital est de 13.363.333 fr. 33 c.

Le déficit prouvé est d'au moins 60.200.392 fr. 69 c.

QU'ATTEND DONC M. LE MINISTRE DES FINANCES POUR DÉTERMINER LE MODE A SUIVRE POUR LA LIQUIDATION DE LA BANQUE DE L'ALGÉRIE?

Le public, peu au courant des opérations de la Banque de l'Algérie, croit généralement que ses *billets* ont *cours forcé.*

C'est une erreur.

Par une loi du 12 août 1870, l'Impératrice régente déclara le cours forcé des billets de la Banque de l'Algérie, mais cette loi a été abrogée par une nouvelle loi du 3 avril 1880.

En conséquence, le cours des *billets de banque* de la Banque de l'Algérie n'est pas *forcé*, et leur acceptation par les particuliers est tout à fait facultative. (Voir les jugements du tribunal de Tunis.)

On croit aussi généralement que le paiement en espèces des *billets de banque* de la Banque de l'Algérie est garanti par l'Etat.

C'est encore une erreur.

La Banque fait bien tout ce qu'elle peut pour accréditer cette croyance; mais il est bon d'avertir le public, et de lui montrer, que rien ne garantit aux porteurs des *billets de banque* de la Banque de l'Algérie le remboursement par l'Etat de cette monnaie fiduciaire.

Il en est de même pour les actions de la Banque de l'Algérie. Rien ne garantit aux actionnaires la valeur des titres qu'ils ont entre les mains, et en cas de liquidation, ce qui est inévitable, vu la mauvaise situation de cet établissement, ils passeront après tous les créanciers de la Banque, et je leur souhaite qu'il leur reste quelque chose à se partager !

L'Etat, il est vrai, a droit de surveillance. Ses agents des finances doivent se rendre compte des opérations de la Banque de l'Algérie ; ils ont pour mission de veiller à la stricte observation de ses statuts ; ils ont toutes les attributions des censeurs (art. 76 des statuts); mais ils se laissent aveugler par les agents de la Banque plus malins qu'eux-mêmes, et ils ne s'aperçoivent même pas qu'ils servent justement de couverture à ces violations perpétuelles de statuts et de réglements, qu'ils ont mandat de faire respecter.

Mon rôle n'est pas de leur faire la leçon, mais cependant mon travail serait incomplet si je gardais le silence au sujet de leurs attributions, dont il me semble qu'ils ne se rendent pas un compte très exact. Et afin que ces agents ne puissent en ignorer davantage, je publie ici, à lenr intention, les *lois*, *décrets*, *statuts* et *décisions ministérielles* qui régissent la Banque de l'Algérie ; que cette lecture leur soit légère et les rappelle surtout à l'accomplissement de leurs devoirs professionnels ; il est hors de doute que s'ils avaient examiné l'article 14 des statuts, ainsi conçu :

DES OPÉRATIONS DE LA BANQUE

« *Art. 14. — La Banque ne peut, en aucun cas et sous aucun prétexte, faire d'autres opérations que celles qui lui sont permises par les présents statuts.* »

La *crise agraire*, dont notre pauvre pays souffre en ce moment à en mourir, n'existerait pas en Algérie.

LOIS ET DÉCRETS CRÉANT LA BANQUE DE L'ALGÉRIE

Loi relative à la création d'une Banque en Algérie

Au nom du Peuple Français!

L'Assemblée nationale a adopté d'urgence la loi dont le teneur suit :

Article premier. — Il sera fondé à Alger une Banque d'escompte, de circulation et de dépôt, sous la désignation de *Banque de l'Algérie.*

Art. 2. — Le capital de la Banque est fixé à trois millions de francs (3,000,000), représentés par *six mille actions de cinq cents francs* dont deux mille resteront spécialement affectées au remboursement du prêt stipulé à l'article ci-après.

Art. 3. — Une somme d'un million de francs (1,000,000) sera avancée à la Banque par l'Etat, à titre de prêt subventionnel.

Trois ans après l'ouverture des opérations de la Banque, le remboursement de ce prêt pourra être effectué au moyen de l'émission des deux mille actions réservées, comme il est dit à l'article 2.

Art 4. — La Banque est autorisée, à l'exclusion de tous autres établissements, à émettre des billets au porteur de mille, cinq cents, cent et cinquante francs.

Ces billets seront remboursables à vue au siége de la Banque.

Art. 5. — La durée du privilége conféré à la Banque est de vingt années, à partir du jour de la promulgation de la présente loi en Algérie.

Art. 6. — Le montant des billets en circulation, cumulé avec celui des sommes dues par la Banque en compte courant, ne pourra excéder le triple du numéraire existant en caisse.

L'excédant du passif sur le numéraire en caisse ne pourra dépasser le triple du capital réalisé.

Art. 7. — Aucune opposition n'est admise sur les fonds déposés en compte courant à la Banque de l'Algérie.

Art. 8. — Les entrepôts de douane et tous autres magasins désignés à cet effet par le ministre des Finances. seront considérés comme magasins publics, où pourront être déposées les marchandises affectées à des nantissements. La marchandise sera représentée par un récépissé qui pourra être transporté par voie d'endossement ou par un contrat non négociable.

Art. 9. — Tous actes qui ont pour objet de constituer les nantissements par voie d'engagement, de transport ou autrement, au profit de la Banque, et d'établir ses droits comme créancière, seront enregistrés au droit fixe de deux francs.

Art. 10. — A défaut de remboursement à l'échéance des sommes prêtées, la Banque est autorisée, huit jours après une simple mise en demeure, à faire vendre aux enchères publiques et par le ministère des courtiers de commerce, nonobstant toute opposition, soit les marchandises, soit les matières d'or et d'argent données en nantissement, sans préjudice des autres poursuites qui pourront être exercées contre les débiteurs, jusqu'à entier remboursement des sommes prêtées, en capital, intérêts et frais.

Art. 11. — Les souscripteurs, accepteurs, endosseurs ou donneurs d'aval d'effets souscrits en faveur de la Banque de l'Algérie ou négociés à cet établissement, seront justiciables des tribunaux de commerce, à raison de ces engagements et des nantissements ou autres sûretés y relatifs.

Art. 12. — La Banque de l'Algérie pourra prêter sur effets publics, à échéances indéterminées, conformément aux dispositions de la loi du 17 mai 1834 et de l'ordonnance du 15 juin suivant.

Art. 13 — Des succursales de la Banque pourront être établies dans les villes de l'Algérie, sur la délibération de son Conseil d'administration, approuvée par décret du président de la République, rendu sur le rapport du ministre des Finances, d'accord avec le département de la Guerre, le Conseil d'Etat entendu.

La suppression de ces établissements pourra être prononcée dans la même forme.

Art. 14. — Les billets, traites et mandats émis par la Banque algérienne et par ses succursales sont affranchis de la formalité préalable du timbre proportionnel.

Le droit sera perçu, par voie d'abonnement, conformément à l'article 9 de la loi du 30 juin 1840.

Art. 15 — Le ministre des Finances rendra compte, chaque année, à l'Assemblée nationale et au Président de la République, de la situation de la Banque. Cette situation sera publiée dans le *Moniteur universel* et dans le *Moniteur algérien*.

Délibéré en séance publique, à Paris, le 4 août 1851.

Le président et les secrétaires,
Daru, *vice-président;* Yvan, Chapot,
Lacaze, Moulin, Peupin, Bérard.

La présente loi sera promulguée et scellée du seau de l'État.

Le Président de la République,
Louis-Napoléon Bonaparte.

Le garde des Sceaux, ministre de la Justice,
E. Rouher.

Décret impérial prorogeant le privilège conféré à la Banque de l'Algérie jusqu'au 1er novembre 1881.

NAPOLÉON, par la grâce de Dieu et la volonté nationale, Empereur des Français, à tous présents et à venir, salut!

Sur le rapport de notre ministre secrétaire d'État au département des Finances;

Vu la loi du 4 août 1851, relative à la fondation d'une Banque en Algérie;

Vu le décret, en date du 13 août 1853, portant règlement sur les succursales de la Banque de l'Algérie;

Vu les décrets des 12 mars 1859 et 30 mars 1861, qui ont modifié les articles 6 14, 31, 32 et 34 des statuts, et élevé le capital de la Banque de trois à dix millions;

Vu la délibération de l'assemblée générale des actionnaires du 27 novembre 1866;

Notre Conseil d'État entendu,

AVONS DÉCRÉTÉ ET DÉCRÉTONS CE QUI SUIT :

ART. 1er — La durée du privilège conféré à la Banque de l'Algérie est prorogée jusqu au 1er novembre 1881.

ART. 2. — Sont approuvées les modifications apportées aux statuts de la Banque de l'Algérie, telles qu'elles sont contenues dans l acte passé, le 8 janvier 1868, devant Me Porcellaga, notaire à Alger.

ART. 3. — Sont maintenues les dispositions du décret ci-dessus visé du 13 août 1853, snr les succursales de la Banque de l'Algérie, sauf en ce qui concerne l'article 7, portant fixation du taux de l'escompte et l'article 11, relatif aux Conseils d'administration. lesquels sont modifiés conformément aux dispositions des articles 24 et 52 des statuts, approuvées par le présent décret.

ART. 4. — Notre ministre sécrétaire d'État au département des Finances est chargé de l'exécution du présent décret qui sera publié au *Bulletin des lois* et inséré au

Moniteur, ainsi que dans les journaux d'annonces judiciaires d'Alger, Constantine et Oran.

Fait au Palais des Tuileries, le 15 janvier 1868.

Signé : NAPOLÉON.

Par l'empereur :

Le ministre secrétaire d'État au département des Finances,

Signé : MAGNE.

Pour ampliation et par autorisation.

Pour le conseiller d'État, secrétaire général :

Le sous-directeur, chargé des administrations financières, des dépêches et du contre-seing,

Signé : DUFRAYER

Loi du 3 avril 1880 prorogeant le privilège accordé à la Banque de l'Algérie jusqu'au 1er novembre 1897.

Le Sénat et la Chambre des Députés ont adopté.

Le président de la République promulgue la loi dont la teneur suit :

ART. 1er. — Sont approuvées les modifications apportées aux statuts de la Banque de l'Algérie, telles qu'elles sont contenues dans l'annexe à la présente loi.

ART. 2. — Les billets de la Banque de l'Algérie sont de 1,000, 500, 100, 50 et 20 francs.

A partir de la promulgation de la présente loi, ils seront reçus comme monnaie légale par les caisses publiques et par les particuliers.

ART. 3. — Sont et demeurent abrogées les dispositions du paragraphe 2 de l'article 6 de la loi du 4 août 1851 ;

De la loi du 12 août 1870, en ce qui concerne la Banque de l'Algérie ;

De la loi du 3 septembre 1870 ;
Du décret du 26 octobre 1870 ;
Et de la loi du 25 mars 1872 ;

La présente loi, délibérée et adoptée par le Sénat et par la Chambre des Députés, sera exécutée comme loi de l'État.

Fait à Paris, le 3 avril 1880.

JULES GRÉVY.

Par le président de la République :
Le ministre des Finances,
J. MAGNIN.

STATUTS DE LA BANQUE DE L'ALGÉRIE

TITRE PREMIER

Constitution, durée et siège de la Société

ARTICLE PREMIER. — Il est établi en Algérie une Banque d'escompte, de circulation et de dépôt, sous la dénomination de *Banque de l'Algérie.*

ART. 2. — Cette Banque est constituée en Société anonyme.

ART. 3. — Les effets de cette Société remontent au 1er novembre 1851, en exécution de la loi du 4 août de la même année, et le privilège conféré à la Banque de l'Algérie par cette loi est prorogé jusqu'au 1er novembre 1897.

ART. 4. — Le siège de la Société est établi dans la ville d'Alger.

ART. 5. — Outre les succursales actuellement existantes : d'Oran, Constantine, Bône, Philippeville et Tlemcen, il pourra être établi des succursales nouvelles.

Ces établissements sont créés, soit en vertu d'une délibération du Conseil d'administration, soit sur l'initiative du gouverneur général de l'Algérie, par un décret du président de la République, rendu sur la proposition du ministre des Finances et le Conseil d'Etat entendu.

Les créations dont le gouverneur de l'Algérie prendrait l'initiative ne peuvent excéder le nombre de trois, ni avoir lieu après le 1er novembre 1886. Le Conseil d'administration doit être, au préalable, appelé à fournir ses observations.

Art. 6. — Les billets sont remboursables à vue au siége de la Banque et de ses succursales. La Banque n'est tenue à rembourser que les billets qui lui sont effectivement représentés.

Aucune action ne peut lui être intentée, en cas de perte ou de destruction, pour quelque cause que ce soit.

Art. 7. — Les billets émis par chaque établissement sont payables à la caisse de ces établissements ; néanmoins, les billets des succursales peuvent être remboursés à Alger, par la Banque, lorsque le Conseil d'administration le trouve convenable.

Les billets de la Banque d'Alger peuvent également être remboursés par les succursales, avec l'autorisation du Conseil et aux conditions qu'il détermine.— (Décret du 13 août 1853.)

Art. 8. — L'emission et l'annulation des billets payables au porteur et à vue seront déterminées par le Conseil d'administration, dans les limites fixées par la loi du 4 août 1851.

Du capital et des actions

Art. 9. — Le capital est fixé à 20 millions.

Il est représenté par 40.000 actions de 500 francs chacune et se trouve déjà réalisé pour la moitié par l'émission de 20.000 actions, dont le produit a été versé et réalisé par les souscripteurs aux différentes époques d'émission.

L'émission des 20.000 actions nouvelles aura lieu au fur et à mesure des besoins, par délibération du Conseil d'administration, approuvée par le ministre des Finances.

Le capital produit par cette émission devra être placé en valeurs de l'Etat français par les soins et à la diligence de M. le directeur de la Banque de l'Algérie. Le montant de la prime obtenue sera porté au compte des réserves.

La Banque est autorisée à placer en valeurs de l'Etat français les dix millions formant la partie déjà réalisée de son capital social.

Art. 10. — Les actions à émettre seront attribuées, par préférence, aux propriétaires des actions déjà émises.

Aucune action ne pourra être émise au-dessous du pair.

Art. 11 — Les actions sont nominatives ou au porteur, au choix du souscripteur ; elles sont inscrites sur un registre à souche, et le certificat détaché porte les signatures du directeur, d'un administrateur et d'un censeur.

Les actions au porteur peuvent être déposées à la Banque en échange d'un certificat nominatif.

Art. 12. — La transmission des actions nominatives s'opère par une déclaration de transfert signée de leur propriétaire ou de son fondé de pouvoir, et visée par un administrateur sur le registre à ce destiné.

S'il y a opposition signifiée à la Banque, le transfert ne pourra s'opérer qu'après la levée de l opposition.

Les titres d'action sont indivisibles et la Banque n'en reconnaît aucun fractionnement.

Les droits et obligations attachés à l'action suivent le titre, dans quelque main qu'il passe.

Et, dans les rapports avec la Banque, les héritiers ou représentants d un actionnaire décédé sont tenus de se faire représenter par l'un d'entre eux,

ART. 13. — En aucun cas, les héritiers ou créanciers d'un actionnaire ne peuvent, sous quelque prétexte que ce soit, provoquer l'apposition des scellés sur les biens et valeurs de la Société, en demander le partage ou la licitation, ni s'immiscer en aucune manière dans son administration. Il doivent, pour l'exercice de leurs droits, s'en rapporter aux inventaires sociaux et aux délibérations de l'assemblée générale.

Des opérations de la Banque

ART. 14. — La Banque ne peut, en aucun cas et sous aucun prétexte, faire d'autres opérations que celles qui lui sont permises par les présents statuts.

ART. 15. — Les opérations de la Banque consistent :

1° A escompter les lettres de change et autres effets à ordre ainsi que les traites du Trésor public et des caisses publiques ;

2° A escompter les obligations négociables, garanties par des récépissés de marchandises déposées dans des magasins publics, agréés par l'Etat, par des transferts de rentes françaises ou de dépôts de lingots, de monnaie, ou de matières d'or et d'argent;

2° A prêter sur effets publics (rentes françaises), en se conformant à la loi du 17 mai 1834 et à l'ordonnance du 15 juin suivant, et à faire des avances sur les mêmes valeurs que la Banque de France, et, en outre, sur les obligations des chemins de fer de l'Algérie ayant une garantie départementale, ainsi que sur les obligations des villes cotées à la Bourse de Paris.

L'avance ne pourra excéder les trois cinquièmes de la

valeur des titres, d'après le dernier cours connu de la Bourse de Paris.

Les titres nominatifs devront être immédiatement transférés à la Banque.

L'emprunteur s'engagera à couvrir la Banque du montant de la baisse qui pourrait survenir dans le cours, lorsque cette baisse dépassera 20 pour 100.

Faute par l'emprunteur de satisfaire à cet engagement, la Banque aura le droit de faire vendre les titres à la Bourse de Paris par le ministère d'un agent de change, savoir :

1° A défaut de couverture, huit jours après une simple mise en demeure par acte extrajudiciaire,

2° A défaut de remboursement, trois jours après l'échéance, sans qu'il soit besoin de mise en demeure ni d'aucune autre formalité.

La Banque se remboursera sur le produit net de la vente en capital, intérêts et frais; le surplus, s'il y a lieu, sera remis à l'emprunteur.

L'échéance de ses engagements ne pourra excéder 90 jours.

4° A recevoir en compte courant, sans intérêts, les sommes qui lui sont déposées; à se charger pour le compte des particuliers ou pour celui des établissements publics, de l'encaissement des effets qui lui sont remis, et à payer tous mandats et assignations jusqu'à concurrence des sommes encaissées;

5° A recevoir exceptionnellement et d'après une délibération de son Conseil d'administration, en comptes courants à intérêts, les fonds des grands établissements financiers ou autres pour la facilité des crédits ouverts sur ses caisses, en vue de travaux d'intérêt public et de ses dispositions par mandats sur la France; à ouvrir des relations avec la Banque de France, pour des opérations de recouvrements et d'escomptes;

6° A recevoir, moyennant un droit de garde, le dépôt volontaire de tous titres, lingots, monnaies et matières d'or et d'argent ;

7° A émettre des billets payables au porteur et à vue, des billets à ordre, des traites ou mandats.

Art. 16. — La Banque reçoit à l'escompte les effets à ordre, timbrés, payables en Algérie ou en France, portant la signature de deux personnes au moins, notoirement solvables et dont l'une, au moins, doit être domiciliée à Alger ou au siège de l'une des succursales.

L'échéance de ces effets ne doit pas dépasser cent jours de vue.

La Banque refuse d'escompter les effets dits de circulation, créés collusoirement entre les signataires, sans cause ni valeur réelles.

Art. 17. — L'une des signatures exigées par l'article précédent peut être suppléée par la remise, soit d'un connaissement d'expédition de marchandises exportées d'Algérie, soit d'un récépissé de marchandises déposées dans des magasins publics mentionnés à l'article 15 ci-dessus.

Dans ce cas, l'échéance des effets ou obligations ne doit pas dépasser soixante jours de date.

Le débiteur a droit d'anticiper sa libération, et il lui est tenu compte, pour le temps restant à courir, des intérêts calculés au taux déterminé par le Conseil d'administration.

La Banque ne peut accepter, en garantie, des marchandises dont la conservation serait difficile ou onéreuse.

Art. 18. — Les effets à une signature, garantis comme il est dit ci-dessus, peuvent ne pas être stipulés à ordre.

Art. 19. — Le rapport de la valeur des objets fournis comme garantie additionnelle avec le montant des billets ou engagements qui peuvent être escomptés, dans le cas prévu par l'article 22, est déterminé par les règlements intérieurs de la Banque.

Cette proportion ne peut excéder, quant aux avances sur connaissement, la moitié de la valeur de la marchandise au lieu de l'embarquement, et, quant à tous autres effets et marchandises, les deux tiers de la valeur, calculés après déduction de tous droits ou engagements.

ART. 20 — La Banque est autorisée à ouvrir, avec l'approbation du ministre des Finances, toutes les souscriptions à des emprunts publics ou autres, et pour la réalisation de toute Société anonyme, en commandite ou par actions, mais sous la réserve que ces souscriptions n'auront lieu que pour le compte de tiers. (Décret du 30 mars 1861.)

ART. 21. — En cas de remise d'un connaissement à ordre comme garantie conditionnelle d'un effet de commerce, la marchandise doit être régulièrement assurée.

ART. 22. — En cas de non payement d'un effet garanti par la remise d'un récépissé de marchandises, la Banque peut, huit jours après le protêt ou après une simple mise en demeure par acte extrajudiciaire, faire vendre la marchandise aux enchères publiques, par le ministère d'un courtier, pour se couvrir jusqu'à due concurrence.

ART. 23. — Les garanties additionnelles données à la Banque ne font pas obstacle aux poursuites contre les signataires des effets. Ces poursuites pourront être continuées concurremment avec celles qui auront pour objet la réalisation des gages spéciaux constitués au profit de la Banque, et jusqu'à l'entier remboursement des sommes avancées en capital, intérêts et frais.

Art. 24. — Le taux des escomptes de la Banque est réglé, tant pour l'établissement principal que pour les succursales, par délibération du Conseil d'administration de la Banque.

Les bénéfices résultant de l'élévation du taux des escomptes au-dessus de 6 pour 100 sont portés à un compte de réserve extraordinaire.

Art. 26. — L'escompte est perçu à raison du nombre de jours à courir, mais il n'est admis aucun effet payable à Alger, ayant moins de trois jours d'échéance.

Pour les effets payables à plusieurs jours de vue, et si ces effets sont payables hors du lieu de l'escompte, le nombre de jours de vue est augmenté d'un délai calculé suivant les distances.

Les mêmes règles sont applicables dans les succursales.

Art. 26. — Les sommes qui sont versées à la Banque à titre de dépôt ne portent point d'intérêt. Ces sommes peuvent être, à la volonté des propriétaires des fonds, retirées ou transportées, par virement, à un autre compte.

Art. 27. — Pour les encaissements opérés à l'extérieur, la Banque est autorisée à percevoir un droit de commission qui sera fixé par le Conseil d'administration.

Art. 28. — Toute personne notoirement solvable, domiciliée à Alger ou au siège d'une succursale, peut être admise à l''escompte et obtenir un compte courant.

Tout failli non réhabilité ne peut être admis à l'escompte.

Art. 29. — L'admission est prononcée par le Conseil d'administration, sur demande appuyée par un de ses membres ou par deux personnes ayant des comptes courants.

Le Conseil d'administration peut refuser l'ouverture

d'un compte courant et l'admission à l'escompte, sans être tenu d'en donner le motif.

Art. 30. — La qualité d'actionnaire ne donne droit à aucune préférence.

Art. 31. — La Banque fournit des récépissés des dépôts volontaires qui lui sont faits; le récépissé exprime la nature et la valeur des objets déposés, le nom et la demeure du déposant, la date du jour où le dépôt a été fait et de celui où il devra être retiré, enfin le numéro du registre d'inscription. Le récépissé n'est point à ordre et ne peut être transmis par voie d'endossement.

La Banque perçoit immédiatement, sur la valeur estimative des dépôts, un droit de garde dont la quotité est déterminée d'après un tarif arrêté par le Conseil d'administration. Lorsque les dépôts sont retirés avant le temps convenu, le droit de garde perçu est acquis à la Banque.

Art. 32. — La Banque tient une caisse de réserve qui est affectée aux pensions de retraite, indemnités de secours accordés et à accorder aux fonctionnaires et employés, par délibération du Conseil.

Cette réserve se compose d'un fonds de dotation prélevé sur les bénéfices et alimenté en outre par tous autres prélèvements que pourra voter le Conseil d'administration, sauf approbation de l'assemblée générale.

Art. 33. — La Banque ne peut émettre des traites ou mandats qu'en échange de versements d'espèces ou de billets, et à charge par elle de faire, avant l'échéance, la provision des fonds.

L'échéance de ces traites ou mandats ne peut dépasser dix jours de vue ou quinze jours de date.

Art. 34. — La Banque publie tous les mois sa situation dans le *Journal officiel de l'Algérie* et dans le *Journal officiel* de la métropole.

Partage des bénéfices et fonds de réserve.

Art. 35. — Tous les six mois, aux époques des 1er mai et 1er novembre, les livres et comptes sont arrêtés et balancés, et le résultat des opérations de la Banque est établi.

Les créances en souffrance ne peuvent être comprises dans le compte de l'actif pour un chiffre excédant la moitié de leur valeur nominale.

Le bilan de la Banque établit le compte des bénéfices nets acquis pendant le semestre, déduction faite de toutes les charges.

Art. 36. — Sur ces bénéfices, il est prélevé d'abord une somme suffisante pour servir aux actionnaires l'intérêt du capital versé, à raison de 6 p. 100 l'an. (Décret du 12 mars 1859.)

Art. 37.— Le surplus de ce bénéfice leur est attribué à titre de dividende, sauf les prélèvements ci-après :

Un tiers est prélevé pour être affecté à la constitution du fonds de réserve ordinaire, fixé au maximum à un tiers du capital réalisé. (Décret du 30 mars 1861.)

Lorsque les bénéfices, déduction faite des intérêts à 6 p. 100 et après la constitution du fonds de réserve ordinaire, dépassent pour le semestre 3 p. 100 du capital réalisé, il est prélevé sur l'excédant une somme déterminée par le Conseil d'administration et destinée : 1° à constituer un fonds de réserve extraordinaire, concurremment avec les ressources mentionnées à l'article 24 ci-dessus; 2° à l'amortissement intégral des immeubles possédés par la Banque.

Art. 38. — En cas d'insuffisance des bénéfices, le complément nécessaire pour servir l'intérêt à 6 p. 100 aux actionnaires est prélevé, d'abord sur le fond de réserve extraordinaire, et, à défaut de celui-ci, sur le fonds de réserve ordinaire.

Art. 39. — Indépendamment des prélèvements indiqués ci-dessus (art. 37), un versement a lieu, chaque semestre, à la caisse de réserve, aux fins et suivant les conditions déterminées par l'article 32.

Art. 40. — Aucune répartition d'intérêt et de dividende ne peut avoir lieu sans l'approbation du ministre des Finances.

Art. 41. — Les intérêts et dividendes seront payés tous les six mois au siège de l'établissement, à Alger, et de ses succursales, à Paris et à Marseille, aux établissements indiqués par un avis inséré dans le *Journal officiel*, un journal de Marseille et les principaux journaux de l'Algérie.

Les dividendes de toute action nominative ou au porteur sont valablement payés au porteur du titre ou du coupon.

TITRE II

De l'assemblée générale.

Art. 42. — L'assemblée générale régulièrement constituée représente l'universalité des actionnaires.

Elle se compose de tous les actionnaires qui sont, depuis six mois révolus, propriétaires d'au moins dix actions nominatives, ou de dix actions au porteur, déposées depuis six mois dans les caisses de la Banque à Alger ou de ses succursales.

Nul actionnaire ne peut faire partie d'une assemblée générale s'il n'a son domicile depuis deux ans au moins en Algérie, en France ou dans une colonie française.

Art. 43. — Chaque actionnaire a autant de voix qu'il possède de fois dix actions sans que personne puisse en avoir plus de cinq en son nom personnel et plus de dix tant en son propre nom que comme mandataire.

Art. 44. — Les membres de l'assemblée générale

peuvent s'y faire représenter par un fondé de pouvoir, qui doit être lui-même actionnaire de la Banque, constaté par un dépôt.

La forme des pouvoirs est déterminée par le Conseil d'administration.

Art. 45. — L'assemblée générale se réunit au moins une fois par année, dans le courant du mois de novembre.

Elle est présidée par le directeur.

L'administrateur, secrétaire du Conseil d'administration, remplit les fonctions de secrétaire.

Les deux plus forts actionnaires sont scrutateurs.

Art. 46. — Le directeur rend compte à l'assemblée générale de toutes les opérations de la Banque, et soumet à son approbation le compte des dépenses de l'administration pour l'année écoulée.

L'assemblée procède ensuite à l'élection des administrateurs et censeurs dont les fonctions sont déterminées ci-après.

Ces nominations ont lieu par bulletin secret, à la majorité absolue ; après deux tours de scrutin, s'il n'est pas formé de majorité absolue, l'assemblée générale procède au scrutin de ballottage entre les candidats qui ont obtenu le plus de voix au second tour.

Lorsqu'il y a égalité de voix au scrutin de ballottage, le plus âgé est élu.

Art. 47. — Les délibérations de l'assemblée générale ne sont valables, dans une première réunion, qu'autant que quarante membres au moins, réunissant entre leurs mains un dixième du fonds social, y ont participé par eux-mêmes ou par leurs fondés de pouvoir.

Dans le cas où ce nombre et ce chiffre ne seraient pas atteints, l'assemblée est renvoyée à un mois ; une nouvelle convocation a lieu et les membres présents à la seconde réunion peuvent délibérer valablement, quel que soit leur nombre et celui des actions possédées par eux, mais seulement sur les objets qui auront été mis à l'ordre du jour de la première réunion.

Art. 48. — L'assemblée générale peut être convoquée extraordinairement toutes les fois que le Conseil d'administration en reconnaît la nécessité.

L'assemblée générale doit être convoquée extraordinairement :

1° Lorsque les actionnaires nominatifs ou porteurs d'actions déposées, réunissant ensemble le cinquième au moins des actions, en auront adressé la demande au directeur et au ministre des Finances ;

2° Dans le cas où les pertes auraient réduit le capital de moitié.

Art. 49. — Les convocations ordinaires et extraordinaires sont faites par lettres adressées aux membres de l'assemblée générale, aux domiciles par eux indiqués sur les registres de la Banque, et par un avis inséré, un mois au moins avant l'époque de la réunion, dans le *Journal officiel*, le *Journal officiel de l'Algérie*, un des journaux de Marseille et les journaux désignés par le tribunal de commerce d'Alger, aux termes de l'article 42 du Code de commerce.

Les lettres et avis doivent contenir l'indication sommaire de l'objet de la convocation.

Art. 50. — Tout vœu ou toute demande de modifications aux statuts peuvent être présentés à l'assemblée générale par le directeur, au nom du Conseil d'administration.

En cas d'adoption, à la majorité absolue des suffrages, elle confère au Conseil, par sa délibération, les pouvoirs nécessaires pour en suivre la réalisation auprès du gouvernement, même pour les cas qui n'auraient pas été prévus.

Art. 51. — Les délibérations de l'assemblée générale, prises conformément aux statuts, obligent l'universalité des actionnaires, ainsi que la minorité de l'assemblée, absents ou dissidents.

Du Conseil d'administration

Art. 52. — L'administration de la Banque est confiée à un Conseil composé d'un directeur, d'un sous-directeur, de neuf administrateurs et de trois censeurs.

Le trésorieur-payeur d'Alger, délégué par le ministre des Finances comme commissaire du gouvernement, fait partie du Conseil d'administration de la Banque et a toutes les attributions d'un censeur.

Les trésoriers-payeurs d'Oran et de Constantine et les payeurs particuliers des villes où seront établies des succursales de la Banque remplissent, auprès des succursales, les mêmes fonctions que celle du trésorier-payeur d'Alger auprès du siège social de la Banque d'Algérie.

Le père et le fils, l'oncle et le neveu, les frères ou alliés au même degré et les associés de la même maison ne peuvent faire partie de la même administration.

Art. 53. — Le Conseil d'administration fait tous les règlements du régime intérieur de la Banque.

Il détermine, dans les limites ci-dessus fixées, le taux de l'escompte et de l'intérêt, les changes, commissions et droits de garde, le mode à suivre pour l'estimation des lingots, monnaies, matières d'or et d'argent et marchandises diverses ;

Il antorise, dans les limites des statuts, toutes les opérations de la Banque et en détermine les conditions ; il statue sur les signatures dont les billets de banque doivent être revêtus, sur l'émission, le retrait et l'annulation de ces billets ;

Il fixe l'organisation des bureaux, les appointements et salaires des agents ou employés et les dépenses générales de l'administration, lesquelles devront être déterminées chaque année et d'avance.

Les actions judiciaires sont exercées en son nom, aux poursuites et diligences du directeur, soit en demandant, soit en défendant.

Le Conseil d'administration confère au directeur tous pouvoirs contre tous débiteurs pour pratiquer toute saisie, prendre toute hypothèque et donner toute main levée, avec ou sans payement.

ART. 54. — Toute délibération ayant pour objet la création, l'émission ou l'annulation des billets, devra être approuvée au moins par deux des censeurs mentionnés au premier paragraphe de l'article 52.

ART. — 55. — Il est tenu registre des délibérations du Conseil d'administration ; le procès-verbal, approuvé par le Conseil, est signé par le directeur et par l'administrateur qui remplit les fonctions de secrétaire. Le secrétaire général de la Banque peut être appelé à suppléer le secrétaire du Conseil.

ART. 56. — Le Conseil d'administration se réunit, au moins une fois par semaine, sous la présidence du directeur.

Il se réunit extraordinairement toutes les fois que le directeur le juge nécessaire ou que la demande en est faite par deux administrateurs ou deux censeurs.

ART. 57. — Aucune délibération n'est valable sans le concours du directeur, de cinq administrateurs et de la présence de l'un au moins des censeurs.

Le directeur, le sous-directeur et les administrateurs ont voix délibérative.

En cas de partage, la voix du directeur est prépondérante.

Les censeurs n'ont que voix consultative.

ART. 58. — Dans le cas où, par suite de vacances survenues dans l'intervalle qui s'écoule entre deux assemblées générales, le nombre des administrateurs se trouve réduit à moins de neuf, le Conseil peut pourvoir provisoirement à leur remplacement de manière qu'il y ait toujours neuf administrateurs, et l'assemblée générale, lors de sa première réunion, procédera à l'élection définitive.

Il est procédé de la même manière pour les censeurs.

Les membres élus ne demeurant en exercice que pendant la durée du mandat confié à leurs prédécesseurs.

ART. 59. — Le compte des opérations de la Banque, qui doit être présenté à l'assemblée générale le jour de la réunion périodique, est arrêté par le Conseil d'administration et présenté en son nom par le directeur.

Le compte est imprimé et remis au gouverneur général, aux préfets de l'Algérie et à chacun des membres de l'assemblée générale,

Du comité d'escompte

ART. 60. — Le Conseil d'administration est assisté d'un comité d'escompte, pour la formation duquel il s'adjoint seize notables commerçants de la place, actionnaires de la Banque.

La liste de ces notables commerçants est arrêtée pour chaque année.

ART. 61. — Le comité est exclusivement chargé d'examiner et d'admettre ou de rejeter toute valeur présentée à l'escompte.

ART. 62. — Il se compose du directeur de la Banque, président; de deux administrateurs et de quatre membres pris dans la liste des notables commerçants indiqués à l'article 60.

Tous les membres du comité d'escompte ont voix délibérative ; en cas de partage le rejet est prononcé.

Les bordereaux d'admission des valeurs présentées à l'escompte sont signés par tous les membres qui ont assisté à la réunion du comité.

Les décisions du comité ne peuvent être prises qu'autant que quatre membres, au moins, y auraient concouru.

Nul effet ne peut être escompté qu'avec l'approbation formelle du directeur.

De la direction

ART. 63. — Le directeur est nommé par décret du président de la République sur la proposition du ministre des Finances.

Le traitement du directeur est fixé par un arrêté ministériel et payé par la Banque.

Le directeur est tenu de justifier qu'il est propriétaire de vingt actions de la Banque ; ces actions doivent être libres et demeurent inaliénables pendant la durée de ses fonctions.

ART. 64. — Le directeur préside le Conseil d'administration, et en fait exécuter les délibérations.

Nulle délibération ne peut être exécutée si elle n'est revêtue de la signature du directeur.

Aucune opération d'escompte ou d'avance ne peut être faite sans son approbation.

ART. 65. — Il dirige les bureaux, nomme et révoque les employés, signe la correspondance, les marchés et conventions, les acquits ou endossements d'effets, les traites ou mandats à ordre.

Il peut exercer, par mandataire, tous les pouvoirs qui

lui sont délégués pour un ou plusieurs objets déterminés.

ART. 66. — Le directeur ne peut faire aucun commerce ni s'intéresser dans aucune entreprise commerciale ; aucun effet ou engagement revêtu de sa signature ne peut être admis à l'escompte.

ART. 67. — Le directeur ne peut être révoqué que par un décret du président de la République, rendu sur le rapport du ministre des Finances.

ART. 68. — Le sous-directeur est nommé par le ministre des Finances, qui fixe son traitement payé par la Banque.

Il est tenu de justifier qu'il est propriétaire de douze actions de la Banque, qui doivent être libres et demeureront inaliénables pendant la durée de ses fonctions.

Il est placé sous les ordres du directeur, qui détermine ses attributions.

ART. 69. — En cas d'absence, d'empêchement du directeur ou de cessation de ses fonctions, le sous-directeur le remplace dans toutes ses attributions.

Des administrateurs

ART. 70. — Les administrateurs sont nommes par l'assemblée générale des actionnaires.

Ils sont nommés pour trois ans et renouvelés par tiers, chaque année ; ils sont rééligibles.

Le sort déterminera l'ordre de la sortie.

ART. 71. — En entrant en fonctions, chacun des administrateurs est tenu de justifier qu'il est propriétaire de six actions ; ces actions doivent être libres et demeureront inaliénables pendant la durée de ses fonctions.

ART. 72. — Les administrateurs jouissent d'un droit de présence dont le montant est fixé par l'assemblée générale.

Des conseurs

Art. 73. — Les trois censeurs sont nommés par l'assemblée générale des actionnaires.

Ils sont tenus de justifier qu'ils sont propriétaires de six actions de la Banque qui doivent être libres et qui demeureront inaliénables pendant la durée de leurs fonctions.

Art. 74. — Les fonctions des censeurs durent trois ans ; ils sont renouvelés par tiers chaque année. Ils sont rééligibles.

Art. 75. — Les conseurs veillent spécialement à l'exécution des statuts et des règlements de la Banque ; ils exercent leur surveillance sur toutes les parties de l'établissement ; ils peuvent assister aux réunions des comités d'escompte ; ils se font représenter l'état des caisses, les registres et les portefeuilles ; ils proposent toutes les mesures qu'ils croient utiles, et, si leurs propositions ne sont pas adoptées, ils peuvent en requérir la transcription sur le registre des délibérations. Ils rendent compte à l'assemblée générale, dans chacune de ses réunions, de la surveillance qu'ils ont exercée.

Le rapport annuel est imprimé et distribué avec celui du Conseil d'administration.

Ils jouissent, comme les administrateurs, du droit de présence.

Surveillance directe du ministre des Finances

Art. 76. — Indépendamment de l'action attribuée aux trésoriers-payeurs et aux payeurs particuliers, comme commissaires du gouvernement, le ministre des Finances peut déléguer la surveillance de la Banque au corps de l'inspection des Finances.

Son délégué a toutes les attributions des censeurs et correspond directement avec lui.

TITRE III

Dispositions générales

Art. 77. — Dans le cas où, par suite de pertes sur les opérations de la Banque, le capital serait réduit de deux tiers, la liquidation de la Société a lieu de plein droit.

Dans le cas où, par la même cause, la réduction serait de moitié, l'assemblée générale, convoquée d'après les articles 48 et 49, peut demander la liquidation.

Cette délibération ne peut être prise que dans une assemblée représentant plus de la moitié des actions déposées.

Si une première assemblée ne réunit pas le nombre d'actions nécessaire, il y a une nouvelle convocation à un mois, et cette nouvelle assemblée délibère valablement, quel que soit le nombre des actions représentées.

En cas de dissolution, le ministre des Finances déterminera le mode à suivre pour la liquidation et désignera les agents qui en seront chargés,

Art. 78. — Cinq ans avant l'époque fixée pour l'expiration de la Société, l'assemblée générale pourra être appelée à décider si le renouvellement de la Société pourra être demandé au gouvernement.

Le renouvellement ne pourra être décidé que par la majorité des deux tiers des membres ayant pris part à la délibération.

Ce vote sera obligatoire pour la minorité et l'universalité des actionnaires.

Art. 79. — Toutes les contestations qui peuvent s'élever pendant la durée de la Société, ou lors de sa liquidation, soit entre les actionnaires et la Société, soit entre les actionnaires eux-mêmes et à raison des affaires sociales, sont jugées conformément à la loi.

Dans le cas de contestation, tout actionnaire doit faire élection de domicile à Alger, et toutes notifications et assignations sont valablement faites au domicile par lui élu, et sans avoir égard à la distance du domicile réel.

A défaut d'élection de domicile, cette élection a lieu de plein droit, pour les notifications judiciaires, au parquet de M. le procureur de la République, près le tribunal civil de première instance d'Alger.

Le domicile élu formellement ou implicitement, comme il vient d'être dit, entraîne attribution de juridiction aux tribunaux compétents d'Alger.

Vu pour être annexé à la loi du 3 avril 1880, délibérée et adoptée par le Sénat et par la Chambre des députés.

Le président de la République,
JULES GRÉVY.

Par le président de la République :
Le ministre des Finances,
J. MAGNIN.

DÉCRETS ET LOIS SUR LE FONCTIONNEMENT DE LA BANQUE DE L'ALGÉRIE

Décret impérial du 13 août 1853, portant règlement sur les succursales de la Banque de l'Algérie.

TITRE PREMIER

DES SUCCURSALES ET DE LEURS OPÉRATIONS

ARTICLE PREMIER. — Les succursales de la Banque de l'Algérie sont sous la direction immédiate de cette Banque.

ART. 2. — Les comptes des succursales font partie de

ceux qui doivent être rendus au gouvernement et aux actionnaires de la Banque.

ART. 3. — Le compte des profits et pertes est réglé tous les six mois dans chaque succursale, et le solde est porté au compte de la Banque.

ART. 4. — Les dépenses annuelles de chaque succursale sont arrêtés par le Conseil d'administration de la Banque.

ART 5. — Les opérations des succursales sont les mêmes que celles de la Banque. Elles sont exécutées sous les conditions et dans les limites déterminées par le Conseil d'administration de la Banque.

ART. 6. — Les succursales ne peuvent faire entre elles aucune opération sans une autorisation expresse du Conseil d'administration de la Banque.

ART. 7 — Le taux de l'escompte dans les succursales est fixé par le Conseil d'administration de la Banque, d'accord avec le ministre des Finances.

ART. 8. — Les succursales émettent les mêmes billets que la Banque ; ces billets sont frappés d'un timbre indiquant le nom de la succursale à la circulation de laquelle ils appartiennent.

ART. 9. — Les billets émis par chaque succursale sont payables à la caisse de cette succursale.

Néanmoins, ils peuvent être remboursés à Alger par la Banque, lorsque le Conseil d'administration le juge convenable.

Les billets émis à Alger peuvent également être remboursés par les succursales, avec l'autorisation du Conseil d'administration et aux conditions qu'il détermine.

ART. 10. — Les effets publics sur lesquels les succursales ont fait des avances, ou qu'elles ont admis à titre de garantie, sont transférés au nom de la Banque de l'Algérie.

Les arrérages de ces effets sont payés aux caisses des succursales.

TITRE II

DE L'ADMINISTRATION DES SUCCURSALES

SECTION PREMIÈRE. — Du Conseil d'administration

ART. 11. — L'administration de chaque succursale est confiée à un Conseil composé :

D'un directeur ;

De neuf administrateurs au plus, et de six au moins, suivant l'importance de la succursale ;

Et de trois censeurs.

Le père et le fils, l'oncle et le neveu, les frères ou alliés au même degré, et les associés de la même maison ne peuvent faire partie de la même administration.

ART. 12. — Le Conseil d'administration surveille toutes les parties de l'établissement.

Il arrête les règlements intérieurs, sauf les modifications qui peuvent y être apportées par le Conseil d'administration de la Banque.

Il fixe, sous l'approbation du même Conseil, les sommes à employer aux escomptes et aux avances.

Il propose l'état annuel des dépenses de la succursale.

Il veille à ce que la succursale ne fasse d'autres opérations que celles qui sont permises par les statuts et qui sont autorisées par la Banque.

ART. 13. — Il est tenu registre des délibérations du Conseil d'administration.

Le procès-verbal, approuvé par le Conseil, est signé par le directeur et par l'administrateur qui remplit les fonctions de secrétaire.

ART. 14. — Le Conseil d'administration se réunit, au moins deux fois par mois, sous la présidence du directeur.

Il se réunit extraordinairement toutes les fois que le directeur le juge nécessaire ou que la demande en est faite par deux administrateurs ou deux censeurs.

Art. 15. — Aucune délibération n'est valable sans le concours du directeur et de la moitié des administrateurs, et la présence de l'un au moins des censeurs.

Le directeur et les administrateurs ont voix délibérative.

En cas de partage, la voix du directeur est prépondérante.

Les censeurs n'ont que voix consultative.

Section II. — Du comité d'escompte.

Art. 16. — Le Conseil d'administration est assisté d'un comité d'escompte. Ce comité est choisi par le Conseil d'administration, auquel il est adjoint, pour cette formation, suivant l'importance de la succursale, de dix à seize notables commerçants de la place actionnaires de la Banque.

Ces notables commerçants sont désignés, chaque année, par le Conseil d'administration de la Banque, sur une liste générale arrêtée par le Conseil de la succursale.

Art. 17. — Le comité se compose du directeur, président, de deux administrateurs et de deux à quatre membres pris parmi les notables commerçants précédemment désignés.

Tous les membres du comité d'escompte ont voix délibérative.

Les décisions du comité ne peuvent être prises qu'autant que la moitié des membres au moins y a concouru.

Art. 18. — Le comité d'escompte est exclusivement chargé d'examiner et d'admettre ou de rejeter toute valeur présentée à l'escompte.

En cas de partage, le rejet est prononcé.

Les bordereaux d'admission ou de rejet des valeurs présentées à l'escompte sont signés par tous les membres qui ont assisté à la réunion du comité.

Section III. — Du directeur.

Art. 19. — Le directeur de chaque succursale est nommé par décret impérial, sur la proposition du ministre des Finances.

Son traitement est fixé par le ministre des Finances et payé par la Banque.

En entrant en fonctions, le directeur est tenu de justifier qu'il est propriétaire de quinze actions de la Banque.

Ces actions doivent être libres et demeurent affectées à la garantie de sa gestion.

Il ne peut être révoqué que par un décret impérial, rendu sur le rapport du ministre des Finances.

Il peut être suspendu par le ministre des Finances.

En cas d'urgence, il peut être suspendu par le directeur de la Banque, qui rend compte immédiatement au ministre des Finances. Cette suspension n'est maintenue qu'autant qu'elle a été, dans le délai d'un mois au plus, confirmée par le ministre.

Art. 20. — Le directeur exécute ou fait exécuter les délibérations du Conseil d'administration de la succursale, en se conformant aux instructions transmises par la direction de la Banque.

Il dirige les bureaux, signe le correspondance, ainsi que les acquits ou endossements d'effets, les traites ou mandats à ordre.

Nulle délibération ne peut être exécutée si elle n'est revêtue de la signature du directeur.

Aucune opératiou d'escompte ou d'avance ne peut être faite sans son approbation.

Art. 21. — Le directeur ne peut faire aucun commerce

ni s'intéresser dans aucune entreprise commerciale.

Aucun effet ou engagement revêtu de sa signature ne peut être admis à l'escompte.

Art. 22. — En cas de mort, de maladie ou autre empêchement du directeur, le Conseil d'administration nomme un de ses membres pour en remplir provisoirement les fonctions, jusqu'à ce qu'il ait été pourvu à l'intérim par le directeur de la Banque.

Section IV. — Des administrateurs et des censeurs.

Art. 23. — Les administrateurs et les censeurs des succursales sont nommés par le Conseil d'administration de la Banque.

Art. 24. — En entrant en fonctions, ils sont tenus de justifier de la propriété de cinq actions qui doivent être libres et demeurent inaliénables pendant la durée de leurs fonctions,

Art. 25. — Les administrateurs et les censeurs sont nommés pour trois ans et renouvelés par tiers chaque année. Ils ne peuvent être réélus.

Le sort détermine l'ordre de leur sortie de fonctions pour chacune des deux premières années.

Art. 26. — Les administrateurs et les censeurs reçoivent des jetons de présence dont la valeur est fixée par l'assemblée générale des actionnaires de la Banque de l'Algérie.

Art. 27. — Les censeurs veillent spécialement à l'exécution des statuts et des règlements ; ils exercent leur surveillance sur toutes les parties de l'établissement; ils peuvent assister aux réunions du comité d'escompte ; ils se font représenter l'état des caisses, les registres et le portefeuille ; ils proposent toutes les mesures qu'ils croient utiles, et, si leurs propositions ne sont pas adoptées, ils peuvent en requérir la transcription sur le registre des délibérations.

Ils adressent, *au moins une fois par trimestre*, au Conseil d'administration de la Banque, un rapport sur l'exercice de leur surveillance.

TITRE III

DISPOSITIONS GÉNÉRALES

ART. 28. — Le directeur de la Banque nomme et révoque les employés des succursales.

ART. 29. — Les appointements des employés des succursales sont fixés par le Conseil d'administration et à la requête du directeur de la Banque, poursuites et diligences du directeur de la succursale.

ART. 30. — Dans chaque succursale, les actions judiciaires sont exercées au nom du Conseil d'administration et à la requête du directeur de la Banque, poursuites et diligences du directeur de la succursale.

ART. 31. — Les publications mensuelles, imposées à la Banque par l'art. 30 des statuts, doivent comprendre la situation des succursales.

ART. 32. — Le ministre des Finances peut déléguer la haute surveillance des succursales aux inspecteurs des Finances.

Ces délégués ont toutes les attributions des censeurs et correspondent directement avec lui.

ART. 33. — Notre ministre, secrétaire d'Etat au département des Finances, est chargé de l'exécution du présent décret, qui sera inséré au *Bulletin des Lois*.

Fait au palais de Saint-Cloud, le 13 août 1853.

NAPOLÉON.

Par l'empereur :
Le ministre secrétaire d'Etat au département des Finances,
BINEAU.

Décret impérial du 13 août 1853 qui autorise la Banque de l'Algérie à établir une succursale à Oran.

NAPOLÉON, par la grâce de Dieu et la volonté nationale, empereur des Français, à tous présents et à venir, salut !

Vu la loi du 4 août 1851, relative à la fondation d'une Banque en Algérie, et particulièrement l'article 13 de cette loi, ainsi que les statuts y annexés ;

Vu le décret de ce jour, portant règlement sur les succursales de la Banque de l'Algérie ;

Vu la délibération du 4 décembre 1852, par laquelle le Conseil d'administration de la Banque d'Algérie demande l'autorisation d'établir une succursale à Oran ;

Vu les pièces de l'instruction et notamment l'avis du préfet d'Oran, ainsi que celui d'une Commission composée de négociants d'Oran, relativement à la succursale dont il s'agit ;

Vu la délibération du Conseil du gouvernement du 10 janvier 1853, et l'avis du Comité consultatif de l'Algérie, en date du 22 février suivant ;

Sur le rapport de notre ministre secrétaire d'Etat au département des Finances, présenté d'accord avec notre ministre secrétaire d'État au département de la Guerre ;

Notre Conseil entendu,

AVONS DÉCRÉTÉ ET DÉCRÉTONS CE QUI SUIT :

ARTICLE PREMIER. — La Banque de l'Algérie est autorisée à établir une succursale à Oran.

Les opérations de cette succursale sont les mêmes que celles de la Banque de l'Algérie. Elles sont exécutées sous la direction et la surveillance du Conseil d'administration, conformément aux dispositions du décret de ce jour.

ART. 2. — Notre ministre secrétaire d'État au département des Finances est chargé de l'exécution du présent décret.

Fait au palais de Saint-Cloud, le 13 août 1853.

Signé : NAPOLÉON.

Par l'empereur :

Le ministre secrétaire d'Etat au département des Finances,

Signé : BINEAU.

Décret impérial du 3 *décembre* 1856 *qui autorise la Banque de l'Algérie à établir une succursale à Constantine.*

NAPOLÉON, par la grâce de Dieu et la volonté nationale, empereur des Français, à tous présents et à venir, salut !

Sur le rapport de notre ministre secrétaire d'Etat au département des Finances, présenté d'accord avec notre ministre secrétaire d'État de la Guerre ;

Vu la loi du 4 août 1851, relative à la fondation d'une Banque en Algérie, et particulièrement l'article 13 de cette loi, ainsi que les statuts y annexés ;

Vu le décret du 13 août 1853, portant règlement sur les succursales de la Banque de l'Algérie ;

Vu la délibération du 26 juillet 1856, par laquelle le Conseil d'administration de la Banque de l'Algérie demande l'autorisation d'établir une succursale à Constantine ;

Vu la délibération du Conseil du gouvernement du 14 août 1856, notre Conseil d'État entendu,

AVONS DÉCRÉTÉ ET DÉCRÉTONS CE QUI SUIT :

ARTICLE PREMIER. — La Banque de l'Algérie est

autorisée à établir une succursale à Constantine. Les opérations de cette succursale sont les mêmes que celles de la Banque de l'Algérie, et sont exécutées sous la direction et la surveillance du Conseil d'administration, conformément aux dispositions du décret du 13 août 1853.

ART. 2. — Notre ministre secrétaire d'État au département des Finances est chargé de l'exécution du présent décret.

Fait au palais des Tuileries, le 3 décembre 1856.

Signé : NAPOLÉON.

Par l'empereur :

Le ministre secrétaire d'Etat au départementdes Finances,

Signé : P. MAGNE.

Décret impérial du 12 mars 1859

NAPOLÉON, par la grâce de Dieu et la volonté nationale, empereur des Français, à tous présents et à venir, salut!

Sur le rapport de notre ministre secrétaire d'État au département des Finances;

Vu la loi du 4 août 1851, relative à la fondation d'une Banque en Algérie, et les statuts qui y sont annexés;

Vu la lettre de notre ministre des Finances, en date du 13 août 1858 de laquelle il résulte que l'État a été remboursé des avances qu'il avait faites à la Banque de l'Algérie, en exécution de l'article 3 de la loi précitée.

Vu la délibération de l'assemblée générale des actionnaires de ladite Banque, en date du 28 novembre 1857;

Notre Conseil d'État entendu,

AVONS DÉCRÉTÉ ET DÉCRÉTONS CE QUI SUIT :

ART. 1er. — Le § 4 de l'article 31 et l'article 32 des statuts de la Banque de l'Algérie, annexés à la loi du 4 août 1851, sont modifiés ainsi qu'il suit :

« ART. 31. § 4. — Sur ces bénéfices, il sera prélevé « une somme suffisante pour servir aux actionnaires « l'intérêt du capital versé, à raison de 6 0/0 l'an.

« ART. 32. — En cas d'insuffisance des bénéfices, le « complément nécessaire pour servir l'intérêt de 6 0/0 « aux actionnaires sera prélevé sur le fonds de réserve. »

ART. 2. — Notre ministre secrétaire d'État au département des Finances est chargé de l'exécution du présent décret, qui sera publié au *Bulletin des lois*, au *Bulletin officiel de l'Algérie et des colonies* et inséré au *Moniteur* ainsi que dans les journaux judiciaires d'Alger, Constantine et Oran.

Fait au palais des Tuileries, le 12 mars 1859.

NAPOLÉON.

Par l'empereur :
Le ministre secrétaire d'État au département des Finances,
P. MAGNE.

Décret impérial du 30 mars 1861

NAPOLÉON, par la grâce de Dieu et la volonté nationale, empereur des Français, à tous présents et à venir, salut !

Sur le rapport de notre ministre secrétaire d'État au département des Finances;

Vu la loi du 4 août 1851, relative à la fondation d'une Banque en Algérie, et les statuts qui y sont annexés;

Vu le décret du 12 mars 1859, portant modification des articles 31 et 32 de ces statuts;

Vu la délibération de l'assemblée générale des actionnaires de la Banque, en date du 27 novembre 1860;

Notre Conseil d'État entendu,

AVONS DÉCRÉTÉ ET DÉCRÉTONS CE QUI SUIT :

ART. 1er. — Le capital de la Banque de l'Algérie est porté de trois à dix millions, représentés par vingt mille actions de cinq cents francs chacune.

L'émission des quatorze mille actions nouvelles aura lieu au fur et à mesure des besoins et en vertu de délibérations du Conseil d'administration, approuvées par notre ministre des Finances.

Ces actions seront. en exécution de l'article 10 des statuts, attribuées, par préférence, aux propriétaires des actions déjà émises.

ART. 2. — La quotité du prélèvement ordonné par l'article 31 des statuts pour la constitution du fonds de réserve sera fixée par le Conseil d'administration; ce prélèvement ne pourra, dans aucun cas, être inférieur au tiers de l'excédant des bénéfices nets, après paiement aux actionnaires de l'intérêt à 6 0/0 du capital par eux versé.

ART. 3. — Aussitôt que le fonds de réserve aura atteint le tiers du capital social. tout prélèvement cessera d'être opéré au profit de ce compte.

ART. 4. — La Banque de l'Algérie est autorisée à ouvrir, avec l'approbation de notre ministre des Finances, toutes les souscriptions à des emprunts publics ou autres, et pour la réalisation de toutes sociétés anonymes, en commandite ou par actions; mais sous la réserve que ces souscriptions n'auront lieu que pour le compte de tiers.

ART. 5. — Notre ministre secrétaire d'Etat au département des Finances est chargé de l'exécution du présent décret qui sera publié au *Bulletin des lois* et inséré au *Moniteur*, ainsi que dans les journaux d'annonces judiciaires d'Alger, de Constantine et d'Oran.

Fait au palais des Tuileries, le 30 mars 1861.

NAPOLÉON.

Par l'empereur :

Le ministre secrétaire d'Etat au département des Finances,

DE FORCADE.

Pour ampliation et par autorisation :

Pour le sous-directeur,

A. DE COLMONT.

Décret impérial du 11 juillet 1868 *qui autorise la Banque de l'Algérie à établir une succursale à Bône*

NAPOLÉON, par la grâce de Dieu et la volonté nationale, empereur des Français, à tous présents et à venir, salut !

Sur le rapport de notre ministre secrétaire d'Etat au département des Finances, présenté, d'accord avec notre ministre secrétaire d'Etat de la Guerre, d'après les propositions du gouvernement général de l'Algérie,

Vu la loi du 4 août 1851, relative à la fondation d'une Banque en Algérie et particulièrement l'art. 13 de cette loi ;

Vu le décret du 13 août 1853, portant règlement sur les succursales de la Banque de l'Algérie;

Vu le décret du 15 janvier 1868 portant prorogation du privilège de la Banque et l'art. 5 des statuts y annexés.

Vu la délibération du 3 avril 1868 par laquelle le Conseil d'administration de la Banque de l'Algérie demande l'autorisation d'établir une succursale à Bône.

Vu l'avis du Conseil du gouvernement en date du 29 avril 1868 ;

Notre Conseil d'Etat entendu,

AVONS DÉCRÉTÉ ET DÉCRÉTONS CE QUI SUIT :

ART. 1er. — La Banque de l'Algérie est autorisée à établir une succursale à Bône :

Les opérations de cette succursale sont les mêmes que celles de la Banque de l'Algérie ; elles sont exécutées sous la direction et la surveillance du Conseil d'administration, conformément aux dispositions du décret du 13 août 1853.

ART. 2. — Notre ministre secrétaire d'Etat au département des Finances est chargé de l'exécution du présent décret.

Fait aux Tuileries, le 11 juillet 1868.

NAPOLÉON,

Par l'empereur :

Le ministre secrétaire d'Etat au département des Finances,

P. MAGNE.

Par ampliation et par autorisation :

Pour le Conseiller d'Etat, secrétaire général :

Le sous-directeur, chargé de l'inspection générale des administrations financières, des dépêches et du contre-seing,

DE COLMONT.

Loi du 12 août 1870 relative au cours forcé des billets de la Banque de l'Algérie

NAPOLÉON, par la grâce de Dieu et la volonté nationale, empereur des Français.

Nous avons proposé, les Chambres ont adopté, nous avons sanctionné et sanctionnons, promulgué et promulguons ce qui suit :

Article premier. — A partir du jour de la promulgation de la présente loi, les billets de la Banque seront reçus comme monnaie légale par les caisses publiques et par les particuliers.

Art. 2. — Jusqu'à nouvel ordre, la Banque est dispensée de l'obligation de rembourser ses billets avec des espèces.

Art. 3. — En aucun cas, le chiffre des émissions de la Banque et de ses succursales ne pourra dépasser un milliard 800 millions.

Art. 4. — Les dispositions des articles 1 et 2 ci-dessus sont applicables à la Banque de l'Algérie dont les émissions de billets ne pourront dépasser le chiffre de 18 millions.

Art. 5. — Les coupures de billets pourront être réduites à 25 francs.

La présente loi, discutée et adoptée par le Sénat et par le Corps législatif, sera exécutée comme loi de l'Etat.

Mandons et ordonnons que les présentes, revêtues du sceau de l'Etat et insérées au *Bulletin des lois*, soient adressées aux cours, aux tribunaux et aux autorités administratives, pour qu'ils les inscrivent sur leurs registres, les observent et les fassent observer, et notre ministre de la Justice et des Cultes est chargé d'en surveiller la publication.

Fait en Conseil des ministres, au palais des Tuileries, le 12 août 1870.

Pour l'empereur et en vertu des pouvoirs qu'il nous a confiés. EUGÉNIE.

Par l'impératrice régente :

Le ministre des Finances,

P. Magne,

Pour copie certifiée conforme :

Le secrétaire général du gouvernement de l'Algérie,

Testu.

Loi du 3 septembre 1870

La loi suivante a été promulguée à la date du 3 septembre :

Article premier. — La limite de 18 millions de francs, fixée par l'article 4 de la loi du 12 août 1870 pour les émissions de billets de la Banque de l'Algérie, pourra être portée à 24 millions de francs.

Art. 2. — Les coupures de billets de la Banque de l'Algérie pourront être réduites à 25 francs.

La délégation du gouvernement de la défense nationale établie à Tours.

Décrète :

Article premier. — La limite de vingt-quatre millions (24.000.000 fr.) fixée par l'article premier de la loi du 3 septembre 1870, pour les émissions des billets de la Banque de l'Algérie, pourra être portée à trente-quatre millions (34.000.000 francs).

Art. 2. — Les coupures de billets de la Banque de l'Algérie pourront être réduites à dix francs (10 francs).

Fait à Tours, le 26 octobre 1870.

Ad. Crémieux, L. Gambetta.
Glais-Bizoin, L. Fourrichon.

Pour copie conforme :
Le directeur général,
délégué du ministre des Finances,
Fr. de Roussy.

Pour copie conforme :
Le trésorier-payeur de la province d'Alger,
E. Chevallier.

La délégation du gouvernement de la défense nationale établie à Tours.

DÉCRÈTE :

ARTICLE PREMIER. — La Banque de l'Algérie est autorisée à faire à l'État des avances jusqu'à concurrence de dix millions de francs (10.000.000 francs).

ART. 2. — Ces avances seront tenues à la disposition de l'administration des Finances contre remises de bons du Trésor, à trois mois d'échéance, et portant intérêt à raison de six pour cent par an. Ces bons seront renouvelables à l'échéance.

Fait à Tours, le 26 octobre 1870.

L. GAMBETTA, AD. CRÉMIEUX,
GLAIS-BIZOIN, L. FOURRICHON.

Pour copie conforme :
Le directeur général,
délégué du ministère des Finances,
FR. DE ROUSSY.

Pour copie conforme :
Le trésorier-payeur de la province d'Alger,
E. CHEVALLIER.

Décision ministérielle autorisant la Banque à émettre le complément de son capital fixé à dix millions de francs par décret du 30 mars 1861, dont la moitié seulement, soit cinq millions, a été réalisée jusqu'à ce jour.

Paris, 20 octobre 1871.

Par une décision en date de ce jour et conformément à l'article 9 des statuts, le ministre a donné son approbation à la réalisation du complément du capital de la

Banque, par l'émission de dix mille actions à 500 francs, soit cinq millions et 200 francs de prime par action à affecter à la réserve statutaire et autres.

Le directeur du mouvement général des fonds,
Signé : DUTILLEUL.

L'Assemblée nationale a adopté,

Le président de la République française promulgue la loi dont la teneur suit :

ARTICLE PREMIER. — La limite de trente-quatre millions de francs (34,000,000 francs) fixée par le décret du 26 octobre 1870 pour les émissions des billets de la Banque de l'Algérie, est portée à quarante-huit millions de francs (48,000,000 francs).

ART. 2. — La Banque de l'Algérie est autorisée à émettre des billets de même coupure que la Banque de France.

Délibéré en séance publique, à Versailles, le 26 mars 1872.

Le président,
Signé : JULES GRÉVY.

Baron de BARANTE, marquis COSTA DE BEAUREGARD, FRANCISQUE RIVE, vicomte de MEAUX.

Le président de la République.
A. THIERS.

Le ministre de l'Agriculture et du Commerce, chargé par intérim du ministère des Finances,
E. DE GOULARD.

Le président de la République française;

Sur le rapport du ministre des Finances présenté, d'accord avec le ministre de l'Intérieur, d'après les proposition du gouverneur général civil de l'Algérie.

Vu la loi du 4 août 1851, relative à la fondation d'une

banque en Algérie et particulièrement l'article 13 de cette loi ;

Vu le décret du 13 août 1853, portant règlement sur les succursales de la Banque de l'Algérie ;

Vu le décret du 15 janvier 1868, portant prorogation du privilége de la Banque et l'article 5 de ses statuts y annexés ;

Vu l'avis du Conseil du gouvernement, en date du 11 février 1874 ;

Vu le procès-verbal de l'Assemblée générale des actionnaires de la Banque de l'Algérie, du 28 novembre 1874 ;

Vu la délibération du Conseil d'administration de cette même Banque, du 12 janvier 1875 ;

Vu la lettre du ministre de l'Intérieur du 18 mars 1875 ;

Le Conseil d'État entendu ;

DÉCRÈTE :

ART. 1er. — Il est créé deux succursales de la Banque de l'Algérie, l'une à Philippeville et l'autre à Tlemcen.

Les opérations de ces succursales sont les mêmes que celles de la Banque de l'Algérie ; elles sont exécutées sous la direction et la surveillance du Conseil d'administration, conformément aux dispositions du décret du 13 août 1853.

ART. 2. — Le ministre des Finances est chargé de l'exécution du présent décret.

Fait à Paris, le 22 avril 1875.

Mal DE MAC MAHON.

Par le président de la République :

Le ministre des Finances,

LÉON SAY.

Pour ampliation :

Le sous-directeur adjoint au secrétariat général.

E. RENAUDIN.

XVIII

LE SCANDALE DE BONE

A propos d'un récent procès qui vient de se dérouler, le 25 mars dernier, devant le tribunal de Bône, le *Réveil Bônois* publie ce qui suit.

On y lira dans quels termes sont jugés les actes de cette puissance politique, cette association électorale, cette accapareuse du bien d'autrui, cette agence d'émigration, privilégiée par l'Etat, origine de la misère qui règne aujourd'hui dans la colonie, source de tous les malheurs, cause de l'arrêt complet de la prospérité de l'Algérie, et le facteur dissolvant des intérêts du commerce de la métropole.

TRIBUNAL DE COMMERCE DE BONE

1° Contestation par le syndic à l'admission de la Banque au passif de la faillite Laugier pour la somme de 102,000 francs, faute de protet et de dénonciation à bonne date;

2° Contestation par M. Salfati à l'admission de la Banque au passif de la faillite Laugier pour la somme totale de 433.579 fr. 50 c. (valeurs Nou).

CONTESTATION DU SYNDIC

M. Charmarty, syndic, expose au tribunal que la contestation du syndic est faite au nom de la masse des créanciers de la faillite Laugier; elle se rapporte à une valeur de 102,000 francs, non protestée, faite treize jours après la déclaration du 1er mai 1889 qui dispense la Banque de protester les effets de M. Nou qu'elle a entre ses mains.

La Banque a si bien compris qu'elle était en faute qu'elle écrivait hier à M. Laugier ce qui suit :

« Monsieur,

« Ayez donc l'obligeance de nous écrire une lettre « constatant que la déclaration de dispense de protêt « s'applique aussi bien aux valeurs échues qu'aux valeurs « à échoir, ou si vous aimez mieux, trouvez-vous de- « main au tribunal pour témoigner. »

M. Charmarty trouve cette déclaration incorrecte. *Le failli ne peut prendre aucune décision sans l'avis des syndics.* Dans le cas actuel, la Banque passe par dessus et s'adresse directement au failli.

Voilà quelle était l'attitude de la Banque il y a vingt-quatre heures !

M. Charmarty se demande quelle pouvait être la valeur de la déclaration de M. Laugier ou celle de sa présence devant le tribunal.

Aux termes de l'article 443 du Code de commerce, les syndics ont pour devoir de rechercher si, pour être agréable à certains créanciers, le failli ne se livre pas à des actes illégaux.

PLAIDOIRIE DE Me GIVRY

Me Givry déclare que le procès actuel a une importance capitale, car il soulève une question de droit extrêmement difficile et il peut avoir de graves conséquences pour la Banque de l'Algérie. Ce procès présente d'ailleurs un caractère d'acuité qui n'échappe à personne.

Mais avant d'entrer dans le vif de la question, il lui paraît nécessaire d'établir un parallèle entre les plaideurs. D'une part, il y a la Banque ; de l'autre, M. Salfati.

Si ces deux personnalités présentaient les mêmes garanties il entrerait immédiatement dans la discussion du procès; mais il existe entre les plaideurs une telle différence, au point de vue de l'honorabilité commerciale, qu'il ne peut s'empêcher de la signaler au tribunal.

— D'un côté, dit-il, je vois M. Salfati C'est votre collègue et il ne m'appartient pas de faire l'apologie de mon client.

M. le président. — Me Givry, vous n'avez pas le droit de dire que la Banque manque de loyauté commerciale.

Me Givry. — C'est mon droit absolu, monsieur le président. La Banque, dans l espèce, n'est qu'un tiers porteur. Sa personne morale m'appartient, je puis discuter sa bonne ou sa mauvaise foi C'est mon droit, je le répète, et j'entends en user.

Me Givry ajoute qu'il parlera à un triple point de vue. Quoi qu'on en ait dit, M. Salfati ne fait pas ici un procès de tendance. C est un procès sérieux qu'il espère gagner, non seulement dans l'intérêt de la masse des créanciers, mais encore au nom des intérêts de la région de Bône tout entière.

Me Givry a pour devoir d'examiner les statuts de la Banque et la manière dont cet établissement se comporte vis-à-vis du public.

C'est Napoléon III qui vit naître la Banque de l'Algérie. L'enfant fut bien doté : on jeta 60 millions dans sa corbeille. C'était un cadeau qui devait lui rapporter 3 millions de rentes annuelles.

Si la Banque, créée bonne fille et qui devait à tous ses faveurs, s'était conduite convenablement, il n'y aurait peut-être pas aujourd'hui tant de plaintes et de récriminations ; mais elle devint bientôt difficile et n'accorda ces mêmes faveurs qu'à quelques rastaquouères...

M. le président. — Me Givry, je me me verrai obligé de vous retirer la parole si vous employez de telles expressions.

Me Givry. — Je fais remarquer à monsieur le président que j'ai le droit de faire ressortir mes griefs contre la Banque comme à l'égard de tous les plaideurs ordinaires, et que la personnalité de mon adversaire m'appartient.

La Banque a violé en maintes occasions ses statuts. Si ce délit lui est habituel, que penserez-vous des actes qu'elle a passés avec M. Laugier?

Si, en temps ordinaire, elle viole sa loi intérieure, que dire de la bonne foi et de l'honnêteté commerciale de cette maison de crédit ? Pour rassurer M. le président, je vais donner lecture de l'article 16 ainsi conçu :

La Banque reçoit à l'escompte les effets à ordres timbrés, payables en Algérie ou en France, portant la signature de deux personnes, au moins, notoirement solvables.

. . . .

« La Banque refuse d'escompter les effets dits de cir-
« culation créés collusoirement entre les signataires,
« sans cause ni valeur réelles. »

Si je démontre que la Banque a violé les paragraphes 1er et 3e de cet article, le tribunal sera forcé de reconnaître que l'honnêteté intrinsèque de la Banque doit être suspectée.

Dans l'espèce, le procès ne concerne que la Banque et M. Nou. Or, ce dernier est notoirement insolvable ; il n'a que les 200 ou 220 francs de ses appointements et il souscrit pour 432.000 francs de valeurs ?

La Banque peut-elle dire que ces billets soient conformes à ses statuts ? Ces effets ne sont-ils pas collusoires, c'est-à-dire sans cause et sans valeur réelles ?

Est-ce que la Banque a poursuivi M. Nou et lui a signifié un protêt quelconque ? Son silence vis-à-vis de M. Nou prouve sa mauvaise foi.

Est-ce que le pays tout entier n'est pas intéressé dans cette affaire ?

Vous n'ignorez pas, messieurs, ce qui se passe généralement à Bône et la facilité avec laquelle on accepte certaines situations.

Si j'avais un million de dettes à Bône, je serais riche; j'aurais des voitures et des chevaux. M. Laugier était dans ce cas, et je peux dire qu'il avait un crédit et une surface qu'il ne possédait point en réalité et qui n'ont servi qu'à tromper la masse.

C'est par la collusion de la Banque de l'Algérie que M. Laugier a entraîné dans sa propre débâcle les petits commerçants, comme M. Mirande.

Aussi ai-je le droit de dire que lorsqu'on s'intitule Banque de l'Algérie et qu'on a un privilège d'Etat de 80 millions, on ne commet pas des fautes aussi lourdes. Mais tout n'est pas dit encore sur cette question, j'attaquerai prochainement le directeur et les administrateurs de cette Banque et là, devant ce même tribunal, je les clouerai au pilori !

Me Givry entre ensuite dans la discussion juridique du procès et s'appuie sur cet argument que *l'obligation sans cause ou sur cause illicite est de nul effet.*

Or M. Laugier dépose son bilan et n'indique pas

même M. Nou dans la liste de ses débiteurs. La Banque elle-même est muette sur ce point.

Le doute n'est donc pas permis et le tribunal doit, dans l'espèce, appliquer l'article 1.131 dont voici le texte.

« L'obligation sans cause, ou sur une fausse cause, « ou sur une cause illicite, ne peut avoir aucun effet. »

La Banque savait mieux que personne que M. Nou n'avait rien ; elle pouvait, au pis aller, lui escompter des billets de 200 à 300 francs ; mais quand il s'agit de valeurs s'élevant à 433.000 francs, elle devait faire une enquête.

C'est en vain qu'on oppose une déclaration de M. Laugier dispensant la Banque de faire protester les valeurs de M. Nou qu'elle a entre les mains.

Cette déclaration, non enregistrée. n'a aucune valeur au point de vue de l'endossement, ce n'est qu'une frime, de même que l'acte notarié par lequel M. et Mme Laugier se sont reconnus, en 1887, débiteurs de la Banque pour la somme de 300.000 francs.

En résumé, aux termes de l'article 68 du Code du commerce, la Banque doit être déchue du droit d'être admise à la faillite Laugier puisqu'elle n'a pas fait protester des valeurs collusoires, et que ses statuts d'ailleurs lui défendaient de créer.

— Ce procès, conclut Me Givry, est un procès moral en ce qu'il démontre que l'établissement de crédit qui jouit d'un privilège exorbitant et qui devait faire la prospérité de notre région, a quitté le droit chemin. C'est ce qui me permet de dire à la Banque de l'Algérie : « Vous n'êtes plus une maison sérieuse, vos actes ne sont pas honnêtes, vous êtes une Compagnie de mauvaise foi. Je le proclame et le proclamerai en faisant bientôt le procès de vos administrateurs ! »

PLAIDOIRIE DE Me MARCHIS

Me Marchis, conseiller général et avocat de la Banque, demande le rejet pur et simple des conclusions du syndic et de celles de M. Salfati. Il soutient cette étrange théorie, à savoir que c'est le syndic qui est le défenseur naturel de la Banque et il trouve que ni le failli ni le directeur n'ont agi incorrectement.

Il demande au surplus, qu'en ce qui concerne la dispense du protêt, M. Laugier soit entendu et soit admis à faire la preuve.

Me Marchis s'élève contre les critiques violentes de son adversaire.

On prétend que la Banque est une administration imprévoyante, mais dès 1887, elle s'emparait de la situation immobilière de M. Laugier pour se garantir. Il souhaite que tous les établissements de crédit agissent comme la Banque.

A son point de vue, la cause ne s'agite pas entre la Banque et M. Nou, souscripteur, mais entre la Banque et M. Laugier. Le fait indéniable, c'est que la Banque a sorti 433 mille francs de ses coffres.

Me Marchis ne veut pas discuter la question de savoir si la Banque a violé ou non ses statuts en négociant ces valeurs, Ces statuts, dit-il, ne régissent que le personnel et la direction. C'est un pacte social intervenu entre les actionnaires et la Banque.

Or, les actionnaires ne se plaignent pas, dit-il, des dividendes de 40 et 50 francs qu'ils touchent par action et par semestre.

On menace la Banque d'une nouvelle affaire. Me Marchis n'en est pas intimidé et il a pleine confiance dans le verdict honnête et droit du tribunal de commerce.

D'après lui, ce n'est pas la Banque de l'Algérie qui est cause du marasme bônois, mais devant les attaques de la presse, les portes se ferment — et surtout celles de la Banque.

Me Marchis parle ensuite de la Banque de France.

— On espère que c'est le Messie tant attendu et que, dès qu'elle s'implantera chez nous, chacun pourra faire la petite fête.

Me Marchis commet l'hérésie de dire que ce serait faire le jeu des banquiers du voisinage, sans songer, qu'au contraire le taux de la Banque de France n'étant que de 3 1/2, les banquiers seraient forcément obligés d'abaisser le leur.

M. Marchis ajoute que M. Salfati est un peu grisé par tout ce qu'il entend, et il met au défi quiconque de prouver que la Banque de l'Algérie ait refusé d'escompter une valeur à toute personne dans une bonne situation.

Voilà un défi qui est plus que téméraire.

L'avocat de la Banque termine en disant que c'est avec l'argent de cet établissement si décrié qu'on a construit toutes les fermes de Barral, de Mondovi, de Morris, etc, etc.

Lors de l'évasion des criquets, la Banque a prêté gratuitement cinq millions au département de Constantine.

Me Marchis omet de dire que ce prêt, garanti par le département, n'avait d'autre but que de consolider la situation compromise des gros débiteurs de la Banque, presque tous conseillers généraux.

Plus récemment, ajoute-t-il, elle a prêté aux victimes du mildew, à 4 0/0 d'intérêt.

Il termine en déclarant que ceux qui attaquent la Banque de l'Algérie font « œuvre de méchanceté, œuvre anti-bônoise et anti-patriotique. »

RÉPLIQUE DE Me GIVRY

Après une courte suspension d'audience, Me Givry a la parole pour répliquer à son adversaire.

Il félicite ironiquement Me Marchis d'avoir recherché dans le fond de la salle des appuis moraux, et il applaudit à la volte-face savante qui lui a permis de se constituer avocat d'un côté et orateur de l'autre.

Il constate que son adversaire s'est bien gardé de discuter la question de droit. En revanche, il a parlé des criquets, du mildew et des vignobles, mais il n'a nommé ni les vignobles ni les propriétaires.

— *La Banque a créé tous les vignobles, dites-vous? mais où sont les vignobles? La Banque a dévoré les vignerons, et la vigne a mangé le reste : c'est la moralité de l'histoire.*

A combien de colons s'étendent ces fameux prêts de la Banque? A trois ou quatre personnes tout au plus. Tous les petits vignerons et tous les petits industriels ont disparu dévorés par la Banque. Car cet établissement a ceci de sublime, c'est qu'il absorbe ce qu'il a créé.

La Banque de l'Algérie peut s'écrier: « Je suis belle et je suis pure! » mais elle oublie de dire: « J'ai ruiné tout le monde, j'ai mangé mes plus belles créations! »

Abordant de nouveau la question juridique, Me Givry constate que la *cause doit exister avant l'obligation.*

— Essayez donc de brûler les valeurs de M. Nou, dit-il, et vous verrez ce que deviendra votre créance! Votre acte notarié apportant la garantie de M. de Cerner, voulez-vous savoir ce qu'il vaut? Je nomme les personnes moi, car si l'acte est honorable pourquoi ne les point nommer?

Tout le monde sait qu'en 1872, époque à laquelle remonte la création du vignoble de Souk-Ahras, M. Laugier avait environ 600 mille francs de dettes à Bône.

Comment le vignoble de M. de Cerner a-t-il été créé? Qui a fourni l'argent? C'est M. Laugier, c'est-à-dire c'est la Banque de l'Algérie.

De sorte qu'en s'engageant pour M. Laugier, M. de Cerner ne s'est pas engagé du tout (1).

Il y a mieux encore.

L'acte notarié a été passé en 1887.

Or, en 1886, quelle était la situation commerciale de M. Laugier? Elle était désespérée. M. Laugier avait commencé à cesser ses paiements. Si le syndic fait tout son devoir, il fera remonter la faillite à l'année 1886.

Le syndic. — C'est déjà fait.

Me Givry. — Et alors, messieurs, l'acte notarié derrière lequel on se retranche et que la Banque n'aurait pas dû produire tombera de lui-même et sera de nul effet.

Et le *Réveil* ajoute le lendemain :

Le double procès qui a été appelé hier devant le tribunal de commerce est un commencement de sanction donné à la campagne que mène la presse contre la Banque de l'Algérie.

Certes, nous n'attachons pas grand intérêt au fond de la cause elle-même et nous n'avons jamais conçu de bien grandes espérances sur sa portée purement juridique.

Que la Banque de l'Algérie soit admise ou non au bénéfice de la faillite Laugier, que la validité de ses créances soit reconnue ou repoussée par le tribunal, ce

(1) M. de Cerner est conseiller général.

qui demeure acquis, dès à présent, c'est l'irrégularité flagrante et la mauvaise foi qui ont présidé à cette série d'opérations financières.

Il était bon que tout ce qui se dit dans les journaux et dans les conversations prit enfin une réalité plus saisissante, et qu'on apportât des preuves et une démonstration à l'appui des accusations depuis longtemps lancées contre la Banque dans l'opinion publique.

Depuis hier, on peut le dire, cette preuve est faite et cette démonstration est accomplie.

C'est en vain que Me Marchis, s'improvisant tour à tour avocat pour le tribunal et orateur pour le public nombreux qui se pressait dans la salle, a appelé à son secours les criquets, le mildew, les prêts aux colons et jusqu'à la vaisselle vinaire.

Tous les flots déchaînés de cette éloquence à tour de bras n'ont pu changer la nature des actes fictifs ou douteux que renfermait son maigre dossier.

On ne refait pas malheureusement une virginité à une banque — et surtout à la Banque de l'Algérie — avec de semblables documents.

Me Marchis l'a si bien compris qu'il s'est empressé de faire irruption et de sonner la charge sur un autre terrain.

Mais, avouons-le, la politique et les considérations d'ordre général ne l'ont pas mieux servi dans la mauvaise cause qu'il a si généreusement épousée.

On sait qu'il est toujours facile — principalement à un avocat — de faire pleuvoir

Un déluge de mots sur un désert d'idées.

Remplaçons ici le déluge de mots par un déluge d'erreurs — souvent grossières — et nous aurons donné le ton et la mesure de ce panégyrique.

Me Marchis avait affirmé que la Banque de l'Algérie était un établissement sage, honnête, prévoyant et secourable.

Il avait gonflé l'outre : Me Givry l'a crevée en quelques mots et il n'en est sorti qu'un vent nauséabond.

Cette prétendue « sagesse » se réduit à des faveurs de bonne fille octroyées à quelques rastaquouères du commerce et de la politique.

Cette honnêteté n'est que de la mauvaise foi.

Cette prévoyance s'abrite derrière des actes fictifs, des statuts outrageusement violés, des valeurs collusoires, sans cause et sans obligation.

Et quant à cette tendresse secourable, à ces prêts de plusieurs millions, chacun a sur les lèvres le nom des trois ou quatre propriétaires qui en ont profité.

— Vous nous faites un procès de tendance ! s'est écrié Me Marchis.

Me Givry avait tout pour le faire — et pour le bien faire. Il a mieux aimé rester presque exclusivement sur le terrain de la discussion juridique et du droit.

Le véritable procès de tendance, le procès apologétique et parfois grotesque, c'est Me Marchis qui l'a fait pour la galerie, pour le dehors, et sans doute pour M. V... qui errait dans les couloirs.

L'avocat de la Banque est allé jusqu'à escompter le vœu que doit émettre lundi prochain la Chambre de commerce sur la question du renouvellement de son privilège.

On ne saurait vendre plus témérairement la peau de l'ours avant de l'avoir tué.

Mais à quoi bon insister davantage sur le caractère et la physionomie de ces débats ?

Comme personne morale, la Banque de l'Algérie en sort rapetissée, meurtrie, stigmatisée et la rougeur au front.

Elle peut, par impossible, gagner son procès en droit — car le droit n'est pas toujours l'équité ; — mais en fait, elle l'a déjà perdu devant le tribunal sans appel de l'opinion publique.

La Paix, du 18 décembre 1891, nous donne la fin de ce scandale financier.

C'est ici où se fait jour l'incurie incroyable des administrateurs et directeurs de l'établissement, ou, pour mieux dire, leur faiblesse et leur pusillanimité, lorsqu'ils ont devant eux quelqu'un de leur coterie.

Le procès fait connaître, en effet, de bien curieuses révélations et l'on a ainsi apprécié :

1° Que toutes les valeurs, objets du litige, étaient échues depuis le mois de *septembre 1889;*

2° Qu'aucun protêt ni dénonciation de protêt n'avaient été faits ;

4° Que ces mêmes valeurs avaient pourtant été enregistrées le 24 novembre 1889, à l'exception d'un billet à ordre de 102,000 francs, qui n'avait été présenté à cette formalité que le jour de l'audience (25 mars 91) ;

4° Que le même jour aussi la Banque avait fait enregistrer une autorisation à elle donné par M. Laugier, l'affranchissant de protêt et du dénoncé.

Il est vrai de dire qu'il existait, entre M. Laugier et la Banque, une convention notariée, par laquelle cet établissement faisait à M. Laugier une ouverture de crédit de 300,000 francs, en garantie de laquelle inscription de pareille somme avait été prise sur les propriétés de M. Laugier, et que, par cette même convent remontant à quatre ans, Laugier affranchissait la Banque de la formalité des protêts et dénoncés, qui pourraient résulter de ses non-paiements.

C'est sur cet acte, du reste, que s'est appuyé le tribunal de commerce de Bône pour rendre le jugement dont nous parlerons ci-dessous.

Or, c'est ici que ressortent, dans leur entier, et la mauvaise foi de la Banque et sa conduite antistatutaire.

En effet, 1° l'article 14 de ses statuts est ainsi conçu :

La Banque ne peut, sous aucun prétexte, faire d'autres opérations que celles qui lui sont permises par les présents statuts.

Or, dans l'article 15 ainsi libellé :

« Les opérations de la Banque consistent, etc. », il n'est fait aucune allusion aux prêts hypothécaires que peut consentir cet établissement.

Il était donc formellement interdit à la Banque de faire à M. Laugier une ouverture de crédit et de passer l'acte dont est cas. Elle a donc, elle ne peut pas le nier, contrevenu sciemment à ses statuts. Mais où la situation s'aggrave, c'est lorsque la Banque, qui ne peut accepter des effets portant la seule signature de M. Laugier, autorise ce dernier à se faire souscrire à son ordre des valeurs de 100,000 et 200,000 francs par un employé à 150 francs par mois, et escompte ensuite ces valeurs.

Il n'y a plus ici, en effet, une simple infraction à des statuts, la mauvaise foi apparaît dans toute sa laideur, car la Banque savait fort bien que M. Nou, sans fortune aucune, de plus, employé de M. Laugier, ne faisait pas avec ce dernier des affaires commerciales nécessitant la création d'effets à ordre de 100,000 francs.

Au surplus, une preuve absolument indéniable de cette mauvaise foi nous a été fournie au cours du procès, puisque dans le « bilan déposé par M. Laugier, « M. Nou ne figure pas au nombre de ses débiteurs, et « que sa comptabilité ne mentionne aucun compte ou-

« vert entre lui et son employé, au sujet de toutes ces « valeurs. »

Nous venons de dire que le tribunal de commerce s'était appuyé, pour rendre son jugement, sur les clauses insérées en l'acte authentique d'ouverture de crédit.

On comprend que nous ne puissions donner ici la teneur *in-extenso* de ce jugement.

Voici le résumé succinct des deux principaux attendus :

... Attendu que, par acte notarié, la Banque était autorisée à ne point faire protester ni dénoncer les effets impayés de Laugier jusqu'à concurrence de 300,000 fr., agio et intérêts non compris ;

... Attendu qu'elle a, du reste, fait enregistrer, en novembre 89, les billets en date des ....

... Attendu qu'elle a omis au contraire de remplir la même formalité pour un effet de 102,000 francs, qui n'a été enregistré que le jour même de l'audience. ... que, par suite, la Banque ne saurait bénéficier de la clause notariée, en ce qui concerne le billet qui n'a été ni protesté ni dénoncé.

. . . .

Déboute le syndic et M. Salfati, banquier, de leurs prétentions, dit que la Banque peut produire à la faillitte Laugier pour la somme de.....

Dit enfin que sa créance de 102,000 francs ne peut être admise à la production.

Bien entendu, le syndic et M. Salfati ont de suite fait appel de ce jugement.

L'affaire est actuellement pendante devant la Cour d'appel d'Alger.

Et maintenant, que vont penser nos représentants, que vont dire messieurs les actionnaires de cette façon d'agir des administrateurs de la Banque ?

Outre, en effet, qu'il ressort de tous ces faits, d'abord

que la Banque agit antistatutairement; en second lieu, qu'elle favorise indûment les uns au détriment des autres, en acceptant à l'escompte des valeurs non négociables, le souscripteur n'étant pas commerçant, il en résulte encore, d'une façon indéniable, que ses bilans, publiés chaque fin de mois, sont faux, car elle n'y fait figurer sous aucune rubrique des effets en souffrance depuis près de deux ans.

De ce fait particulier, on peut conclure en général, sans crainte de se tromper, que la Banque est actuellement gérante de nombreuses propriétés immobilières, contrairement encore à ses statuts.

XIX

PROJET DE MODIFICATION AUX STATUTS

Le hasard m'a donné, un peu tard il est vrai, connaissance du procès-verbal d'une assemblée *extraordinaire* des actionnaires de la Banque de l'Algérie.

Ces derniers avaient été convoqués pour le 25 mars 1891.

L'ordre du jour portait :

Renouvellement du privilège, modification aux statuts.

M. Chiérico avait pris la précaution d'annoncer à ses actionnaires que cette assemblée générale devait être *extraordinaire !*

On ne peut que lui savoir gré de cet excès de franchise, qui n'est pas sa qualité prédominante.

Voici le récit des choses qui se sont passées dans cette réunion :

234 actionnaires étaient présents ou représentés, ils formaient ensemble 14.519 actions, soit 62 actions en moyenne, par actionnaire présent ou représenté.

Ces 234 actionnaires ont fait preuve, en cette circonstance, d'une rapidité à modifier leurs statuts et à en arrêter les textes nouveaux réellement extraordinaire, ainsi que l'avait annoncé si prophétiquement M. Chiérico dans ses avis de convocation.

En effet, réunis le 25 mars 1891, à deux heures de relevée, ces 234 actionnaires se séparaient à trois heures vingt-cinq minutes, soit après quatre-vingt-cinq minutes, pendant lesquels ils avaient :

1° Constitué leur bureau.

2° Entendu, médité et peut-être compris (?) un discours de M. Chiérico.

3° Ecouté la lecture des modifications projetées.

4° Examiné et discuté chaque modification présentée.

M. Chiérico avait bien raison, — cette fois je le reconnais, — d'annoncer que la réunion serait *extraordinaire !*

Il veut nous faire accroire que, dans moins de quatre-vingt-cinq minutes, lecture du texte ancien a été faite, et que la rédaction du texte nouveau a été discutée et approuvée.

Ce n'est pas sérieux.

Dans un laps de temps aussi court, il n'est même pas possible de lire avec attention tout le texte en question, à plus forte raison est-il impossible de le discuter.

Aussi, malgré ce volumineux procès-verbal qui

constate que toutes ces résolutions ont été adoptées *à l'unanimité*, et *sans discussion*, je ne puis m'en tenir à une aussi *extraordinaire* narration, et je vais, dans l'intérêt public, montrer au lecteur le ridicule de ces prétentions nouvelles de la Banque de l'Algérie.

Ce que j'en fais n'est que pour mémoire, car je pense bien qu'à l'issue de mes révélations, cet établissement en sera pour ses frais de futurs statuts et qu'il n'aura plus à s'occuper à l'avenir que de l'article 77 de ses anciens statuts, qui dit textuellement :

Art. 77. — *Dans le cas où, par suite de pertes sur les opérations de la Banque, le capital sera réduit de deux tiers la liquidation de la Société a lieu de plein droit.*

C'est la seule issue qui lui reste ouverte, à cette Société, c'est la seule chose, LIQUIDATION, qui lui convienne aujourd'hui qu'elle a commis toutes les fautes, qu'elle a consommé toutes les spoliations.

Il fut donc voté *sans discussion* et *à l'unanimité*, à cette *extraordinaire* assemblée, que l'article 16 des anciens statuts ainsi conçu :

Art. 16. — La Banque reçoit à l'escompte les effets à ordre timbrés payables en Algérie ou en France portant la signature de deux personnes au moins notoirement solvables et dont l'une au moins doit être domiciliée ***à Alger*** **ou au siège de l'une *des succursales.***

serait remplacé par l'article 15 nouveau :

Art. 15. — La Banque reçoit à l'escompte les effets à ordre timbrés portant la signature de deux personnes au moins notoirement solvables.

Il ne s'agit plus de personnes domiciliées *à Alger* ou aux *succursales*, c'est-à-dire en Algérie. Bien que M. Chiérico ait constamment violé ses statuts, on ne pensait pas qu'il aurait l'impudence de les fabriquer à neuf en vue de ses nouveaux projets, et nous voyons d'ici toutes les opérations d'escompte qu'il se propose de combiner avec tous les Panamas et autres exotiques, qu'il a dû déjà découvrir dans ses perpétuels voyages à Paris et qu'il fera profiter d'un privilège qui ne doit pas sortir d'Algérie.

Et comme conséquence de cet article 15 (nouveau) l'article 28 (ancien) qui était ainsi conçu :

Toute personne notoirement solvable domiciliée à Alger ou au siège d'une succursale peut être admise à l'escompte et obtenir un compte courant.

est remplacé par l'article 27 (nouveau) qui dit laconiquement et sans en avoir l'air :

Toute personne notoirement solvable peut être admise à l'escompte et obtenir un compte courant.

L'article 28 (nouveau) dit en outre :

L'admission est prononcée par le Conseil d'administration sur demande appuyée par un de ses membres ou par deux personnes ayant des comptes courants. Le Conseil d'administration statue sur les admissions à l'escompte des succursales présentées par le directeur général.

Et, afin de se montrer logique avec ce qui précède, c'est-à-dire afin de pousser l'outrecuidance jusqu'au bout, les articles 11, 12, 13, 14, 15, 16, 17 et 18 *des succursales* sont supprimés dans le texte nouveau, c'est-à-dire qu'il n'y aura plus de Conseil d'administration aux succursales. Dans l'ancien texte, article 16, le Conseil d'administration choisissait le comité d'escompte; l'article 87 du nouveau texte supprime ces attributions qui devront à l'avenir émaner d'Alger. Voici du reste ce nouveau texte.

Art. 87. — Pour les opérations d'escompte, le directeur de chaque succursale est assisté d'un comité composé de douze à seize membres, nommés tous les ans par le Conseil d'administration de la Banque, sur une liste de notables commerçants de la place présentée par le directeur général.

C'est la suppression complète des comités des succursales et leur remplacement par M. Chiérico. Lui seul et c'est assez, pense-t-il! On n'est pas plus modeste! De cette façon il serait le maître absolu de tous les tripotages.

Nous venons de voir la manière dont M. Chiérico s'y prenait pour faire voter à l'unanimité et sans la moindre observation ou opposition les résolutions les plus grotesques, les textes les plus absurdes et les plus volumineux par une assemblée générale qui s'avoue elle-même *extraordinaire*. Nous augurons de cette facilité à manœuvrer les masses la plus grande facilité qu'il trouvera encore à faire voter à l'unanimité, sans la moindre observation ou opposition, par son Conseil d'administration d'Alger, la composition des comités d'escompte des succursales. C'est ici que les renseignements collectionnés par les Piquemal et Cie sortiront de la boîte aux élections, et malheur aux pauvres emprunteurs qui auront mal voté.

L'article 51 se préoccupe de deux sous-directeurs. J'avoue que la solution qui pourrait être donnée à ce projet me laisse absolument froid. Qu'on mette dix sous-directeurs si l'on veut, les affaires n'en iront pas plus mal, car elles sont au pire.

J'appelle l'attention des pouvoirs publics sur le projet de l'article 52, où on lit :

Le Conseil d'administration autorise le directeur général à accepter ou consentir toutes acquisitions, ventes et cessions mobilières et immobilières, ainsi que tous échanges et transactions.

Les actions judiciaires sont exercées en son

nom tant en demandant qu'en défendant. Le directeur général fait pratiquer toutes saisies mobilières et immobilières, prend toutes hypothèques, fait tous actes conservatoires, consent toutes subrogations, donne tous désistements et main-levées avec ou sans constatation de paiement.

Ce projet d'article serait, s'il était voté, la consécration complète, définitive et officielle de la spoliation du territoire algérien au profit de la Banque.

Voilà le clou *du besoin pressant qui se fait sentir, paraît-il, de modifier les statuts. C'est là qu'est le danger; en l'indiquant, je fais mon devoir:* QUE CHACUN FASSE LE SIEN !

XX

A LA BOURSE DE PARIS

La Banque de l'Algérie vient de publier sa situation au 31 janvier 1892, la voici à côté de celle qu'elle a publiée au 31 décembre 1891 :

BANQUE DE L'ALGÉRIE

ACTIF	Bilans au 31 déc. 1891	Bilans au 31 janv. 1892
Encaisse de la Banque..	28.566.042 71	30.328.017 59
Portefeuille :		
A Alger..............	33.172.022 50	31.931.451 38
Aux succursales......	41 759.158 74	42.182.618 88
Avances sur titres (Alger et succursales)........	492.004 35	484.297 75
Effets à la caisse........	7.290.907 46	8.970.750 96
Warrants....	725.400 »	472.450 »
Hôtels de la Banque....	2.311.179 14	2.311.179 14
Dépenses d'administrat.	113.055 35	179.026 67
Comptes extérieurs.....	22.270.968 05	23.166.747 54
Rentes sur l'Etat........	10.088.741 40	10 088.741 40
Avances à l'Etat (chambres de commerce)....	1.382 986 15	1.156.488 41
Divers.................	8.616.819 96	5.632.876 48
	156 789.285 82	156.904 646 20

PASSIF

Capital..................	20.000.000	»	20.000.000	»
Billets en circulation....	76.885.290	»	72.534.730	»
Comptes courants :				
A Alger...............	2.758.626	30	3.283.495	55
Aux succursales......	2.014.155	32	1.670.876	87
Trésor public............	34.489.596	19	40.488.003	59
Trésoriers-payeurs, leurs comptes courants......	4.735.834	70	2.821.000	»
Agios et commissions...	736.816	5	1.080.660	88
Dividende à payer......	233.650	10	115.877	90
Réescompte (Alger et succursales)..............	426.761	19	426.761	19
Profits et pertes.........	36.059	37	36.059	37
Fonds de prévoyance...	500.000	»	500.000	»
Réserve immobillière ..	2.311.179	14	2.311.179	14
Réserve extraordinaire..	4.933.492	80	4.933.492	80
Réserve statutaire......	6.666.666	66	6.666.666	66
Divers.................	61.157	90	35.842	25
	156.789.285	82	156.904.646	20

Alger, le 31 janvier 1892

Le directeur de la Banque de l'Algérie,
Signé : F. Nelson-Chiérico.

On remarquera, qu'il n'y a presque rien de changé dans le total, les critiques restent donc les mêmes.

Les comptes ont tout simplement fait échange de chiffres, sauf toutefois celui du *Trésor public*, qui a augmenté en janvier 1892 de 4.083.572 fr. 70, commanditant à l'heure actuelle la Banque de l'Algérie de la somme extravagante, eu égard à sa sécurité, de **43.309.003 fr. 59 c.** !

Un immense éclat de rire, qui retentit encore, a accueilli, dans les cercles financiers, ce nouvel

nouvel aplomb de M. Chiérico, et la Bourse de Paris n'a pas voulu s'en rendre solidaire.

Le jour même où paraissait ce *Bilan*, la Bourse en faisait prompte justice, et les actions de la Banque de l'Algérie, déjà rabaissées à 1.500 francs, tombaient à 1.100 francs, perdant en trois jours 400 francs.

Ce cours de 1.100 francs est encore bien au-dessus de la valeur réelle de ces actions, qui, on a pu le voir par ce qui précède, ne sont représentées par rien de sérieux.

Et à propos de cette baisse, qui n'est que le commencement; car le jour est proche où les actionnaires auront à rembourser les *dividendes fictifs*, qui leur ont été distribués depuis 1886, soit environ 400 francs par action; M. Chiérico fait insérer ce qui suit, dans le journal *Le Temps*, du 9 février 1892 :

« Je me suis rendu chez le directeur de la Banque d'Algérie; il m'a affirmé être absolument tranquille sur le renouvellement du privilège, la situation de la Banque étant bonne, l'actif dépassant le passif de plus de dix millions.

« Il est vrai qu'au début la Banque fit de nombreux prêts à l'agriculture, puisqu'elle avait été fondée surtout dans le but de favoriser le développement agricole du pays; (1) mais, depuis 1886, aucun prêt nouveau ne fut

(1) Cette assertion est inexacte. Lire à cet égard *l'article premier* de la loi organique du 4 août 1851, ainsi que *l'article premier* des Statuts.

consenti. La Banque exécuta sans distinction de parti politique. comme il a été dit, *tous les débiteurs pour lesquels elle devait gagner à profiter de leur exécution.*

« Elle exploite maintenant elle-même avec succès beaucoup de propriétés agricoles et bâties, sur lesquelles on croyait des avances trop considérables avoir été faites.

« En admettant même qu'elle doive procéder aujourd'hui à la liquidation, à cause de la perte totale de certaines fiches douteuses, cette liquidation serait plus que largement couverte par les fonds de réserve de 15 millions.

« *D'ailleurs, la question du renouvellement du privilège qui n'est pas actuellement posée,* ne peut pas être cause de la baisse. »

M. Chiérico est *absolument tranquille sur le renouvellement du privilège.*

On sait que c'est avec le *cœur léger*, qu'il attend tranquillement le renouvellement du privilège de ses spoliations; cette satisfaction de lui-même ne fait que confirmer le manque de sens moral que j'ai déjà indiqué.

L'actif, dit-il, dépasse le passif de plus de dix millions.

S'il savait lire dans son *bilan*, il se garderait d'émettre une semblable réponse, qui prouve tout simplement qu'il signe des *situations* sans se rendre compte de ce qu'elles renferment.

Depuis 1886 aucun prêt nouveau ne fut consenti

Alors à quoi sert la Banque de l'Algérie, puisqu'elle ne prête plus depuis six ans? Pourquoi demander son renouvellement ?

Mais c'est inexact; c'est comme les *bilans !*

La Banque exécuta tous les débiteurs pour lesquels elle devait gagner à profiter de leur exécution.

Ce n'est pas moi qui le lui ai fait dire !

Cet aveu dépouillé d'artifice, est la confirmation, *par la bouche de M. Chiérico*, de tous les faits cités dans cet ouvrage.

Elle exploite maintenant elle-même avec succès beaucoup de propriétés agricoles et bâties, etc.

Elle *exploite*, en effet, l'Algérie de toutes les façons; il faut que cette exploitation soit arrêtée, elle dure depuis trop longtemps, la coupe est pleine, elle déborde.

La liquidation serait couverte par le fonds de réserve de quinze millions.

M. Chiérico a le don de la multiplication des *réserves.*

Si c'est avec les 13.911.338 fr. 60 c. et non 15.000.000 de francs, ainsi qu'il le fait dire à tort, qu'il espère rembourser :

1° Les 72.534.730 francs de billets en circulation;

2° Les 4.954.372 fr. 42 c. de dépôts en comptes courants;

3° Les 43.309.003 fr. 59 c. dûs au Trésor public au 31 janvier 1892;

4° Et les 20.000.000 dûs aux actionnaires, je l'en félicite; mais je constate de sa part une nouvelle illusion qui ne tient pas debout, contre la réalité des faits.

Où sont, au surplus, ces 13.911.338 fr. 60 c. de fonds de réserve?

Je n'en retrouve que pour 10.088.741 fr. 40 c., cantonnés en rentes sur l'État, le solde, composé de 3.822.597 fr. 20 c., doit être en train de se promener à *l'extérieur.*

D'ailleurs, ajoute-t-il, *la question du privilège n'est pas actuellement posée.*

Alors, ce n'était pas la peine de faire émettre tant de vœux par les corps élus de l'Algérie, de convoquer de si *extraordinaires* assemblées d'actionnaires en faveur de ce renouvellement de privilège *qui n'est pas posé,* dit-on.

Oui, je sais, le renouvellement du privilège de la Banque de l'Algérie vient à expiration le même jour que le renouvellement du privilège de la Banque de France.

La Banque de l'Algérie s'était tout d'abord embusquée derrière notre grande Banque Nationale, elle pensait passer alors inaperçue.

Mais la *presse algérienne* s'est émue, mes amis et moi, avons saisi l'opinion, nous avons clamé nos protestations à tous les échos, et la Banque de l'Algérie, qui se savait coupable, a fui le débat au grand jour.

Cette levée de la *presse algérienne* presque entière, l'a effrayée ; elle a alors différé la présentation aux Chambres de sa demande de renouvellement, et son plan de campagne a été modifié aussitôt.

La Banque s'est entendue avec la *Représentation algérienne*, elle a fait ajourner le débat et l'a fait renvoyer *jusqu'après les élections générales prochaines*.

La Banque fera, pense-t-elle, encore une fois les élections en Algérie, elle s'y prépare depuis longtemps ; les élections faites, on verra !

En attendant, braves Algériens, mes pauvres concitoyens, dormez tranquilles sur le seuil de vos anciennes demeures d'où la Banque vous a expulsés.

Dormez tranquilles ! M. Chiérico veille sur vos fortunes, il a soin de vos propriétés spoliées, *il les cultive avec succès !*

Et vous, messieurs les actionnaires de bonne foi qui avez placé vos capitaux et mis votre espoir dans la Banque de l'Algérie, vous me saurez gré, je l'espère, de vous avoir ouvert les yeux.

Votre situation est intéressante, elle mérite qu'on s'en occupe, vous êtes victimes, vous aussi, de la Banque de l'Algérie qui ne vous a pas plus épargnés qu'elle n'a épargné les colons et les indigènes.

Il est encore temps pour vous de sauver ce qui peut vous rester de la valeur de vos actions ; il y a un moyen, permettez-moi de vous l'indiquer :

Restituez aux propriétaires dépossédés, ou à leurs descendants, les propriétes accaparées par la Banque ; prenez des arrangements avec ces braves gens, en conservant hypothèque des sommes justement dues. Ces réintégrés recommenceront à travailler, ils auront d'autant plus de courage qu'ils se sentiront plus soutenus, et un jour viendra où vous pourrez réaliser la valeur réelle de vos titres, actuellement avilis.

Vous ne vous souviendrez plus de la Banque de l'Algérie, qui n'existera plus depuis longtemps du reste, que comme d'un mauvais rêve, qui vous aura hantés pendant une nuit de fièvre.

C'est un conseil que je vous donne, c'est le seul qu'un honnête homme qui y voit clair dans vos affaires, puisse vous donner.

CONCLUSION

Quand, après une rude matinée de labeur, le soleil brûlant les champs empêche tout mouvement au dehors, le colon, entouré des siens, aidé de ses serviteurs, se livre à l'ombre protectrice des murs de sa ferme, aux travaux intérieurs.

Qu'il pense que, tout à l'heure, la chaleur ayant diminué, il attellera ses bœufs, rafraîchira le sol asséché de ses vignes par un labour fait à propos et assurera ainsi l'abondance dans ses celliers, il est heureux.

L'année précédente n'a pas été bonne : le péronospora, l'oïdium, ont fortement endommagé la vigne, et les dettes créées pour acheter la vaisselle vinaire, que l'on pensait pouvoir éteindre l'an passé, se sont accrues d'emprunts nouveaux, contractés dans le but d'arriver à la récolte, qui ne laissent pas que de préoccuper fort le travailleur.

Mais l'apparence est si belle cette année ! Les orges vont être bientôt moissonnées, les blés commencent à jaunir, le grain est abondant; les grappes de raisins sont tellement fournies, que déjà le vigneron s'occupe d'assurer la solidité des « porteurs. »

Le chef est joyeux; sa femme et ses enfants, qui lisent le bonheur dans ses yeux, se réjouissent avec lui; les cœurs s'épanchent débordants de joie et tous travaillent, avec cette ardeur, cette force, ce courage, précurseurs du succès.

Chacun réalise son rêve dans son esprit; les créanciers seront payés; le troupeau augmente tous les jours, on élèvera une construction nouvelle pour abriter les jeunes bêtes; on remplacera le mobilier usé, qui date de l'arrivée du ménage en Afrique; la femme renouvellera ses hardes reprisées et les jupes des filles; les garçons auront des vestes neuves, il y a si longtemps que les leurs sont usées; les serviteurs escomptent déjà les gratifications qu'ils recevront au moment de la vente des grains et de la livraison des vins.

Et peut-être le chef ira-t-il embrasser, ce qu'il n'a pas fait depuis vingt ans, les vieux qu'il a laissés en France et qui prient pour lui chaque jour.

Que de châteaux, que de projets, que d'espérances en l'avenir !

Que de bonheur, mon Dieu, avez-vous répandu

sur ces visages, car, enfin, les récoltes sont sauvées, elles sont splendides !

Tout à coup, et sans que rien ait paru l'indiquer, la clarté diminue, un nuage paraît au sud qui monte et qui grandit ; il est noir, il s'allonge démesurément sur l'horizon qu'il semble rapprocher, et bientôt tout l'espace est envahi, jusqu'à la mer.

Le jour est obscurci, des bruits inaccoutumés s'entendent dans les airs ; des cris humains affolés arrivent de toutes parts.

Ce sont les sauterelles !

En vain on se multiplie, on amasse des branchages, on allume des feux, on excite les brasiers ; dans la fumée qui noircit tout on agite des objets voyants, on heurte ensemble des boîtes métalliques qui imitent les sonorités des gongs ; on espère par tous ces moyens repousser les vols à la mer.

Rien n'y fait ; le nuage crève, la nuée tourbillonne et s'abat ; les locustes affamées s'épandent en lave compacte ; elles couvrent toute la terre et toute végétation disparaît sous cet envahissement.

La dent des acridiens n'a bientôt rien épargné ; là où le matin les orges se courbaient et les blés jaunissaient il ne reste que la terre nue, sur laquelle s'étendent, en nappes superposées, les linceuls vivants, qui strient la lumière du mouvement de leurs ailes, ressemblant de loin à ces lueurs erratiques qui flottent tremblantes au-dessus des foyers allumés en plein jour.

Là où, il n'y a qu'un instant, les sarments supportaient, au risque de se rompre, les grappes nombreuses qui cachées sousles pampres promettaient l'abondance, il ne reste que les troncs isolés des ceps, que leur écorce rugueuse a seul préservés d'une destruction complète et à leurs pieds une masse grouillante, infecte, qui empoisonne l'air de son odeur nauséabonde.

Adieu les rêves! Au loin les projets d'avenir! La réalité seule demeure et met le colon en présence de la désorganisation complète de son œuvre, en face de la disette qui frappe à sa porte.

Il a rapidement refait ses calculs. Ses récoltes sont anéanties, il est plus pauvre qu'il y a vingt ans quand il débarqua en Afrique, riche surtout alors de ses illusions!

Il ne se laisse pas abattre cependant; c'est que nos colons, qui ont lutté contre tous, hommes et choses, qui ont vaincu toutes les difficultés matérielles dans ce dur combat où si peu ont survécu, ont au cœur la foi robuste qui triomphe à la fin.

Il congédie ses serviteurs, il fait un choix de ceux de ses bestiaux qui ne sont pas indispensables aux travaux de la ferme; les fils mènent au marché le troupeau qu'ils vendent à tout prix et, avec le produit de cette suprême opération, il paie ses dettes criardes, il renouvelle ses échéances chez ses fournisseurs.

Toute la famille recommence à travailler.

Le voyage en France si désiré est encore ajourné; les vieux attendront bien une année de plus, il y a vingt ans qu'ils attendent!

Cette année est perdue, il reste l'avenir! Chacun y compte et le labeur reprend.

La femme rapiécera encore les pièces de ses jupes, les filles en feront autant, les garçons resteront à la maison, ils feront la besogne qui était répartie aux serviteurs.

Et personne ne désespère.

C'est que la terre reste, c'est qu'elle n'est pas hypothéquée, car, dans la famille, on n'a jamais mis les pieds à la Banque de l'Algérie.

Ce ne sont pourtant pas les tentations qui ont manqué; les racoleurs de la Banque sont venus, offrant de l'argent à discrétion, c'était séduisant! Mais on leur a montré la porte et ils se le sont tenus pour dit.

Et on restera chez soi.

Les sauterelles ravagent tout, elles anéantissent tout, excepté cependant la terre, cette mère nourricière, si prodigue de ses biens pour ceux qui la fécondent et si fertile en Algérie qu'une bonne année efface souvent dix ans de malheurs!

La Banque de l'Algérie, elle, ne s'en prend pas seulement aux récoltes; elle détruit tout, puisqu'avec les produits, elle s'empare de la terre et rejette au néant ceux qui, ayant malheureusement eu foi dans ses promesses, se sont laissés aller à lui faire des emprunts.

La Banque de l'Algérie est pire que les sauterelles, la désorganisation qui la suit dépasse les dévastations des acridiens.

Les sauterelles sont une calamité passagère, qui nous frappe à la rigueur une fois tous les vingt ans, contre laquelle on prend des mesures.

La Banque de l'Algérie, qui prend la terre pour toujours, est un pouvoir public d'une nouvelle espèce contre lequel nous sommes désarmés et il est urgent de prendre immédiatement, en ce qui la concerne, toutes les mesures de défense.

La Banque profite de sa situation privilégiée pour s'emparer, *au moyen de ses billets de banque qui ne lui coûtent rien,* de la terre, la seule chose au monde qui ait une valeur réelle.

Elle se sert, pour arriver à ses spoliations, des ouvertures de crédits hypothécaires que ses statuts lui interdisent.

Grâce à la facilité qu'elle trouve dans ses statuts de pouvoir escompter des effets à deux signatures, elle se fait le banquier direct des emprunteurs, empêchant ainsi l'établissement ou le maintien en Algérie de maisons de banque sérieuses qu elle jalouse, qui sont cependant les intermédiaires obligés entre le public et la Banque privilégiée.

Cette prétendue démocratisation du crédit n'est

en réalité que le moyen le plus sûr et le plus prompt pour arriver à l'expropriation générale du sol à son profit.

En s'emparant brusquement de toutes les ressources de ses débiteurs expropriés par elle, elle tue le commerce d'approvisionnement et l'industrie locale, qui ne peuvent plus se faire rembourser des fournitures qu'ils ont faites, confiants qu'ils étaient alors dans une solvabilité apparente.

La Banque est ainsi la cause qu'il reste peu de maisons de commerce algériennes jouissant de quelque crédit en France.

En ruinant l'Algérie, elle porte en même temps et par contre-coup atteinte au commerce de la métropole ; et les capitaux français qui auraient tant d'emploi en Algérie hésitent à y venir parce qu'ils ont appris, par expérience, l'insécurité des placements, provoquée par les actes de la Banque.

Par son accaparement du sol et des récoltes, elle favorise ses amis ou ses prête-nom, au détriment des voisins encore existants, en établissant des cours de produits qui ne rémunèrent même pas le travail et les capitaux employés. Que lui importe ? Les prix les plus bas sont toujours assez rémunérateurs pour un capital qui lui coûte juste : le prix du papier et des frais d'impression de ses billets.

Elle fait habilement répandre le bruit que, si on liquide sa situation, ses clients en seront victimes. Cet aveu a son prix et l'on ne peut déclarer plus nettement que l'on-est en déconfiture. *Acte en peut être pris.*

Quant aux conséquences, elles pourraient être inquiétantes, en effet, si l'opération de la liquidation était confiée à la Banque elle-même.

Quelle occasion d'exercer des vengeances collectives ou individuelles contre les mécontents? de précipiter les ruines, de produire artificiellement un krach général, qui ferait imputer au pouvoir, comme une faute, la disgrâce si méritée infligée à ce bureau d'expropriation?

Mais, par bonheur, c'est au gouvernement qu'il appartient de choisir les liquidateurs, et il saura confier cette mission délicate à des hommes du métier, pris en dehors du personnel de la Banque, pénétrés de la gravité de leur mandat qui exige autant de sagesse que de prudence et de probité et qui demande à être exécuté d'une main légère.

Voilà pourquoi le public en masse soupire après cette solution, qui permettra enfin aux affaires algériennes de reprendre une marche normale; il battra des mains à l'annonce de la dénonciation du privilège; ce sera la bonne nouvelle; on en fera des feux de joie; on ne peut douter qu'on ne donne à l'opinion cette tardive satisfaction.

Oui, la Banque liquidera :

Parce qu'elle distribue des dividendes fictifs,

Parce qu'elle engendre l'usure qu'elle propage

Parce qu'elle s'empare systématiquement de la terre, et que son domaine mal acquis est immense déjà.

Parce qu'elle emploie sa formidable puissance financière à troubler les consciences, à fausser les manifestations de l'opinion publique.

Parce que, ayant semé partout la ruine, elle ne récolte aujourd'hui que la haine avec le déficit.

Parce que tout ce qu'elle fait, est mal fait et qu'elle donne un exemple d'immoralité tel que, chez elle et autour d'elle, on n'a déjà plus la notion exacte du juste et de l'injuste.

J'entends d'ici quelques lecteurs, des amis peut-être, tellement prévoyants qu'ils se croient toujours obligés d'avoir peur.

« Fort bien, disent-ils, vous décrivez les opérations véreuses de la Banque, vous faites toucher du doigt son action néfaste ; nous sommes complètement de votre avis. Mais ce n'est pas tout de signaler le mal il faudrait indiquer le remède. »

Pour peu que je les pousse, ils vont lancer cette maxime attribuée à je ne sais quel grand politique très profond, paraît-il : *on ne supprime que ce que l'on remplace.*

Je ne suppose pas cependant que le malade à qui le chirurgien vient d'extirper un chancre lui demande de le remplacer.

LA SUPPRESSION DE LA BANQUE DE L'ALGÉRIE, VOILA LE REMÈDE !

La Banque n'a pas toujours existé en Algérie, les affaires allaient-elles alors beaucoup plus mal? On voudrait du moins savoir quel sera dans ce temps-là le régime financier de la colonie, et s'il n'y a pas quelque chose à faire pour organiser le crédit? Soit.

Nous avons cinq ans devant nous, puisque le privilège, même dénoncé, dure jusqu'en 1897. D'ici là, tous les avis ont loisir de se produire, tous les intérêts peuvent prendre part au débat.

En attendant, que l'on aille au plus pressé, pendant qu'il y a encore quelques commerçants qui tiennent bon, quelques propriétaires en possession de leurs terres.

Faisons des vœux et des efforts pour que le Parlement voie clair dans nos affaires algériennes. Espérons dans sa sagesse, dans son impartialité et

VIVE LA FRANCE !

VIVE L'ALGÉRIE !

APPENDICE

Le 8 décembre dernier j'ai adressé à M. le ministre des Finances et à M. le rapporteur Burdeau, les deux lettres suivantes :

1° LETTRE AU MINISTRE DES FINANCES

Philippevile, le 8 décembre 1891,

Monsieur le ministre,

On se préoccupe beaucoup, dans toute la colonie, de la question du renouvellement du privilège de la Banque de l'Algérie. Les journaux disent que vous n'avez encore déposé aucun projet concernant ce renouvellement, et que vous êtes d'accord avec la représentation algérienne pour ne vous en occuper que lorsque le renouvellement du privilège de la Banque de France aura été discuté. Ils ajoutent que lorsque le projet de la Banque de France aura été voté, « on obtiendra plus facilement le renouvellement du privilège de la Banque de l'Algérie. »

Je prends la liberté, monsieur le ministre, d'appeler très respectueusement votre attention sur ce fait : « Que

« la Banque de l'Algérie doit obtenir plus facilement le « renouvellement de son privilège lorsque celui de la « Banque de France aura été voté. »

N'y a-t-il pas, tant de la part de la Banque de l'Algérie que de celle de ses patrons, l'arrière-pensée de profiter de cette situation pour, le cahier des charges de la Banque de France ayant été voté sans qu'il y ait été question d'étendre au besoin les opérations de cette institution financière à l'Algérie, venir se prévaloir après de cette omission pour s'imposer ensuite puisqu'on n'aura pu mieux faire?

Je suis de ceux qui prétendent que la Banque de l'Algérie est nuisible au pays dans lequel elle exerce; qu'elle est la cause principale du retour en arrière constaté depuis plusieurs années; qu'elle a tellement abusé de sa monnaie fiduciaire et du silence qu'elle a su commander autour d'elle, qu'elle est arrivée à s'emparer d'une partie du territoire algérien, la plus fertile et la mieux cultivée, ruinant et expulsant les colons, sans que jamais personne soit venu réclamer au Parlement contre ses déprédations.

Ses statuts lui interdisent l'accaparement de la terre; elle a pris la terre et violé ses statuts.

J'affirme que si le renouvellement du privilège, que cette Banque réclame avec tant d'acharnement, lui est accordé, c'en est fait de l'établissement des Français dans cette colonie.

C'est ce que j'ai eu l'honneur d'expliquer dans un mémoire, que j'ai adressé le 26 juillet dernier à la commission d'études algériennes au Sénat.

Je viens vous demander, M. le ministre, de vouloir bien exiger de la Banque de France, lors de l'acceptation par elle du cahier des charges qui lui sera imposé, l'obligation d'établir une ou des succursales en Algérie si le renouvellement du privilège n'est pas accordé à la

Banque coloniale, et dans le cas où une autre institution financière, relevant de l'État, ne serait pas constituée en Algérie dans un délai déterminé.

C'est peu, mais on ne pourra pas supposer qu'il y aura eu entente, pour obliger la colonie à supporter encore un établissement qui est pour elle la principale cause de ruine et de discrédit.

J'ose espérer que vous voudrez bien prendre ma demande en considération. Dans cet espoir, je vous prie de vouloir bien agréer, monsieur le ministre, l'assurance de mes respectueux sentiments.

H. GARROT.

2e LETTRE A M. BURDEAU

Philippeville, le 9 décembre 1891.

Monsieur le député,

Vous allez déposer votre rapport au sujet du renouvellement du privilége de la Banque de France.

Lorsque ce projet aura été voté, on s'occupera du renouvellement du privilège de la Banque de l'Algérie.

Ne pensez-vous pas, monsieur le député, qu'il serait utile et prévoyant d'exiger de la Banque de France, dans l'acceptation par elle du cahier des charges qui lui sera imposé, l'obligation d'établir une ou des succursales en Algérie si le renouvellement n'est pas accordé à la Banque coloniale, et dans le cas ou une autre institution financière relevant de l'Etat ne serait pas constituée dans un délai déterminé ?

C'est ce que j'ai demandé à M. le ministre des Finances, dans une lettre que j'ai eu l'honneur de lui adresser le 8 décembre courant.

Car rien n'est moins certain que l'obtention par la

Banque de l'Algérie du renouvellement du privilège d'émission de monnaie fiduciaire qu'elle demande.

Cet établissement s'est livré dans ces dernières années à de tels écarts, qu'il ne peut plus être pris au sérieux et que la continuation de son privilège équivaudrait, de la part des pouvoirs publics, à un parti-pris de rendre plus complétes, si possible, les ruines qu'il a accumulées partout en Algérie.

Avant d'aller plus loin, une enquête est nécessaire : bien qu'elle se fasse au Sénat, où j'ai fourni, en juillet dernier, des arguments nombreux, je vous supplie de vous y arrêter. Je ne voudrais pas abuser de votre attention, mais permettez-moi de vous exposer un fait, un seul en attendant : une violation flagrante de la loi par la Banque de l'Algérie.

La loi organique du 4 août 1851, sur la création de la Banque de l Algérie, prescrit à l'article 6 que :

« Le montant des billets en circulation, cumulé avec « celui des sommes dues par la Banque en compte-« courant, ne pourra excéder le triple du numéraire « existant en caisse. »

Or, on lit dans la situation publiée le 30 novembre 1891 par la Banque de l'Algérie :

Encaisse de la Banque...............	27.526.479 42
Le triple de ce numéraire est de......	82.579.438 26
Les billets en circulation............	80.990.620 »
Cumulés avec les sommes dues par la Banque en compte courant. Ensemble..............................	36.360.322 41
Formant un total de...	117.350.942 41

dépassent de 34.771.504 fr. 15 c. le chiffre arrêté par la loi. Ces 34.771.504 fr. 15 c. sont donc créés et mis en circulation contrairement à la loi.

Je ne m'appesantirai pas sur les autres articles du

bilan de cette Banque ; cependant je me permettrai de vous signaler :

7.939.267 fr. 85 c. d'effets à la caisse ou *impayés*.

21.558.947 fr. 87 c. de comptes *extérieurs*.

8.850.771 fr. 40 de *divers*.

Et j'espère qu'il aura suffi de vous signaler ces faits, pour attirer sur eux toute votre attention.

Veuillez agréer, monsieur le député, mes respectueuses salutations.

H. Garrot.

Depuis l'envoi de ces lettres, la situation s'est encore aggravée puisque la Banque de l'Algérie en est à 35 185.374 fr. 38 billets mis en circulation contrairement à la loi, et que son déficit constaté est aujourd'hui de 60.200.392 fr. 09 c.

Au moment de mettre sous presse, je reçois communication d'une note qui ne saurait entrer dans le cadre restreint, que je me suis tracé.

J'ai cru intéressant de la mettre sous les yeux du lecteur, comme traduisant fidèlement les préoccupations d'un grand nombre de colons.

Les hommes passent, les institutions restent, ce qui revient au même ; et, si elles sont mauvaises, le mal se perpétue.

Quand on nous aura délivrés de la Banque de l'Algérie, et des hommes qui la gouvernent, et nous gouvernent en même temps, il est à craindre que l'on ne se mette en devoir de tenter une nouvelle épreuve, en suivant les mêmes errements.

Je ne vois pas que l'on ait renoncé à ces combinaisons savantes, qui n'enrichissent que ceux qui les emploient, et encore.... On est encore volontiers la dupe de ces panacées financières, toutes plus ou moins renouvelées du système de Law, qui ne sont que des variétés de la spéculation greffée sur l'usure, ou inversement; qui éblouissent le monde, et surexcitent la cupidité, par les gros chiffres qu'elles mettent en avant, et n'aboutissent à la fin qu'à la déception et à la misère publique sans parler de la démoralisation.

Supposons que l'on s'en tienne au mécanisme le plus simple, le plus terre à terre, le rêve que l'on poursuit est toujours le même: grande concentration de capitaux, circulation incessante.

Est-ce là ce qu'il nous faut ?

L'Algérie est, avant tout, un pays de production agricole; c'est en même temps un pays neuf. Non pas que notre occupation ne soit déjà ancienne : les hommes se font rares qui furent témoins de notre débarquement à Sidi-Ferruch ; mais la colonie, riche d'années, est pauvre de développement, et il y a moins à entretenir qu'à créer.

Or, l'agriculture ne vit pas de circulation, mais de capital immobilisé. Elle n'a pas besoin de puiser dans une caisse bondée de millions, pourvu qu'elle puise ce qui lui suffit pour produire.

Mais voici où commence la dificulté. Ce capital de production qui lui est nécessaire, n'est pas représenté par la valeur intrinsèque de la propriété, si on n'y ajoute pas le travail à venir.

Que pe ser a-on d'une Compagnie de chemin de fer qui établirait le chiffre capital-actions sur la seule valeur des terrains à elle concédés? Dans de moindres proportions c'est la même chose ; c'est ce qu'a entendu « Dombasle » quand il écrivait : *l'agriculteur doit être plus fort que sa terre.* Il doit pouvoir dépenser en travail plus que la valeur vénale de son fonds. Les chances de succès dépendent de l'homme qui fait et dirige le travail; c'est lui qui est la principale garantie du prêteur.

Cette garantie est nulle aux yeux des établissements de crédit : ils ne connaissent pas l'homme. Le travail à faire n'existe pas pour eux. Ils prêtent à la terre, à la terre nue, estimée non pas au prix du cours, mais à un prix énormément réduit, en prévision d'une dépréciation éventuelle. L'agriculteur se trouve alors plus faible que sa terre et sa défaite est à peu près certaine.

La production agricole est lente : le délai de la mise en rapports, suivant qu'il s'agit de semailles; de plantations ou d'exploitations diverses, sans parler de travaux d'aménagement et des constructions, varie entre une année et vingt à vingt-cinq.

Cependant, l'intérêt court du premier jour, de trimestre en trimestre, intérêt qu'il faut payer sur le capital comme un véritable dividende fictif. On n'appelle pas les citoyens sous les drapeaux avant l'âge de la conscription. L'exploitation agricole s'étiole dès le berceau et bien souvent n'atteint pas à l'adolescence.

Ne fût-elle pas prématurée, cette redevance est lourde; ainsi le veut l'organisation compliquée, le nombreux personnel de ces institutions et l'exigence des actionnaires.

Heureux l'Algérien qui n'a jamais payé plus de dix pour cent ! Le revenu agricole reste souvent au-dessous, lors même que la spéculation n'enlève pas à son profit le plus clair du bénéfice ; ceux qui échappent à la ruine s'estiment heureux, s'ils meurent sans dettes, ayant travaillé toute leur vie pour le capitaliste.

Voilà ce qui se passe en temps normal; mais il faut compter avec les mauvaises années, les épidémies, les fléaux, les incendies, etc. Quand le produit ne paie même pas les frais, les intérêts continuent à courir et à s'accumuler.

Au temps où je possédais des terres en France, il arrivait que tel fermier ne pouvait payer son bail à l'échéance, il ne payait pas pour cela d'intérêts de retard ; parfois même, sans qu'il y eût de sa faute, il se trouvait dans l'impossibilité de s'acquitter, il fallait bien lui faire une remise. Ce n'est pas que je fusse plus humain qu'un autre; mais le propriétaire n'a pas intérêt à ruiner son fermier...

Les établissements de crédit ne connaissent ni les accidents ni la force majeure. Les statuts sont inflexibles, le bilan n'a pas d'entrailles; rien d'humain n'entre dans leur fonctionnement. Ce sont des machines anonymes irresponsables, inconscientes, dont les rouages tournent aveuglement, sans que ceux mêmes qui les ont mis en train puissent les arrêter. Ce sont des pompes aspirantes qui continuent à puiser dans le bassin après qu'il est à sec.

Ainsi : capital insuffisant, redevance prématurée, taux exagérés d'un côté, produit intermittent de l'autre, intérêts immuables et toujours accumulés. La conséquence est inévitable : tout emprunt agricole dans les conditions présentes est, sauf exception, *un brevet d'expropriation.*

La cause du mal est dans le caractère impersonnel du prêt. Le prêt personnel et direct a suffi pendant des siècles à la prospérité du sol français. Il paraît seul apte à développer et surtout à créer la culture algérienne; soit qu'il prenne la forme de la commandite ou de la Société en participation ou toute autre dans laquelle le capital et le travail soient solidaires dans la bonne comme dans la mauvaise fortune.

Que l'on fasse dans ce pays la statistique des exploitations aujourd'hui prospères, et l'on verra combien il y en a qui aient réussi par d'autres moyens !

Le principal obstacle au développement ou plutôt à la renaissance du prêt personnel, intelligent, patient, équitable et fécond; ce sont précisément ces caisses quasi officielles dans lesquelles viennent s'engouffrer tous les capitaux disponibles et d'où ils ne sortent que pour en attirer d'autres.

Je ne parle pas seulement des établissements algériens. La *canalisation* de la richesse publique n'a fonctionné en Algérie qu'après avoir été organisée en France; on ferait mieux de dire le *drainage*, car on sait où se déversent ces canaux-là, et qu'au rebours des fleuves et rivières ils remontent constamment vers la source.

Comment détourner vers nos rivages le courant de l'épargne ? Comment faire concurrence au mirage trompeur de nos dividendes, à la fièvre de la spéculation et à l'entrainement du jeu ? Si enfin le capital, las de la duperie des affaires véreuses, se rabat sur les entreprises modestes et solides, quel sera l'intermédiaire le plus sûr et le moins onéreux entre le prêteur français et l'emprunteur algérien ?

Doit-on s'en remettre à l'initiative privée ? Y a-t-il lieu à quelque création spéciale ? En tous cas, ce n'est pas dans le passé qu'il faut en chercher le modèle.

Jusqu'ici, avec plus de sollicitude que de clairvoyance on s'est hâté, aussi bien dans le domaine financier que dans les autres, de doter la colonie des institutions de la métropole.

Avec un peu moins de savoir et un peu plus d'observations, on se serait aperçu que la plupart ne cadraient pas.

Loin de là, on a cru atteindre aux dernières limites de la prudence en ne les y transportant pas toutes en bloc du premier coup.

On a toléré, à titre provisoire, certaines différences que l'on compte bien faire disparaître au plus vite.

Il ne parait être venu à l'idée de personne que les conditions de la vie, définitivement et par la force des choses, ne pouvaient être les mêmes des deux côtés de la Méditerranée.... Voilà comment il se fait qu'au bout de soixante ans passés, nous en soyons encore aux tâtonnements des premiers jours et menacés en même temps d'une décrépitude précoce.

Il serait temps de mettre à profit cette longue et douloureuse expérience. Ce que nous devons souhaiter, c'est donc que ceux qui disposent de nos destinées semblent bien, en étudiant nos besoins, tenir compte du tempérament particulier de la France africaine, ne pas se laisser arrêter dans les innovations nécessaires par des préjugés surannés et anti-sociaux, renoncer enfin à une manie d'uniformité qui est l'héritage indéniable de l'ancien régime.

En attendant que la lumière soit complètement faite, nous les supplions de mettre un frein à leur sollicitude. Point de décisions précipitées, destinées à aller peupler bientôt la vaste nécropole des réorganisations.

Que l'on ne constitue point à la légère des puissances dangereuses. Que l'action publique se borne pour un temps à respecter et à protéger la liberté des transactions, à assurer la loyauté et la fidèle exécution des contrats, à refuser sans pitié à l'usure sous toutes ses formes la sanction du pouvoir, à déployer toute la sévérité des lois contre les *spéculations illicites* et *l'accaparement.*

Dans ces conditions, et *une fois délivrés de la Banque de l'Algérie,* tyrannie financière et politique que nous subissons aujourd'hui, nous pouvons patienter, et peut-être verrons nous naître une nouvelle ère de prospérité alimentée par des placements de capitaux qui n'auront plus à craindre l'insécurité dont est cause la Banque de l'Algérie.

Enfin, quand le problème sera résolu, nous aurons peut-être cette satisfaction et cette gloire, qu'en recherchant le moyen de sauvegarder le crédit en Algérie, on aura découvert par surcroit le remède aux malaises financiers dont la métropole n'est pas exempte.

FIN

ERRATA

Page 3. Le dernier mot de la 3e ligne *a* a été omis.
- 46. Le quatrième mot de la 8e ligne de la note doit être *inexacte*.
- 57. Le premier mot de la 5e ligne, doit être *faits*.
- 61. Le dernier mot ou nombre de la 1re ligne, doit être *1842*.
- 91. Le premier mot de la 7e ligne, doit être *c'est*.
- 132. A la fin de la 12e ligne, il faut (.).
- 135. Le deuxième mot de la 19e ligne, doit être *dépouillées*.
- 159. Le premier mot de la dernière ligne, doit être *tel*.
- 161. Le premier mot de la 26e ligne, doit être *désormais*.
- 177. Le neuvième mot ou nombre de la 15e ligne, doit être *1888*.
- 185. Le cinquième mot de la 18e ligne, doit être *elle*.
- 192. Le dernier mot ou nombre de la 2e ligne, doit être *1870*.
- 297. Lire à la première ligne, *Les* 8 et *9* décembre.
- 302. Le deuxième mot de la 31e ligne, doit être *pensera-t-on*.
- 306. Le dernier mot de la 12e ligne, doit être *veulent*.

TABLE DES MATIÈRES

Imprimerie du Progrès. — Ch. Lépice, 7, rue du Bois, Asnières.

A LA MÊME LIBRAIRIE

BARON A. DU CASSE

SOUVENIRS D'UN AIDE DE CAMP
DU ROI JÉROME

Un volume in-18 jésus : **3** *fr.* **50**

C'est sans doute un aimable vieillard que le baron du Casse, mais qu'il a de terribles souvenirs ! Il les conte dans un volume qui mérite par sa verdeur et la franchise du texte de prendre place à coté de ceux de M. de Viel-Castel. C'est plus honnête et ce n'est pas moins drôle.

Paris, 21 octobre 1890.

Ecrit avec verve, ce volume fait revivre avec agrément et sans méchanceté un coin de ce monde impérial où le laisser aller des aventuriers se mêlait si singulièrement avec la morgue des parvenus et l'étiquette obligée des cours.

Revue historique, janvier 1890.

Les lecteurs que n'effaroucheront pas les mots crus du prince Napoléon trouveront en ce livre ample matière à papotages sous le manteau. Tudieu ! il n'est pas bon d'avoir pour aide de camp un chef d'escadron bavard et qui écrit.

Art et Critique, 22 novembre 1890.

Ces souvenirs sont piquants, bourrés d'anecdotes et semés d'indiscrétions où, sans sortir de la réserve qui convient, l'auteur dit assez vertement leur fait à quelques uns de ceux qu'il a pu voir de près.

Livre, 10 novembre 1890.

Ils sont amusants ces souvenirs. Le baron du Casse a la mémoire plus longue que tendre.

Liberté, 25 octobre 1890.

EN VENTE A LA MÊME LIBRAIRIE

Envoi franco au reçu de 3 fr. 50 (timbres ou mandats).

LÉON DELBOS

LES DEUX RIVALES

(L'Angleterre et la France)

Nous ne manquons pas d'études comparatives sur la France et l'Angleterre ; celle-ci offre un certain intérêt parce qu'elle a pour objet de détruire une multitude de préjugés réciproques... Le portrait ne paraît pas être flatté dans l'un et dans l'autre pays ; il ne semble cependant ni injuste ni infidèle en ce qui nous concerne.

Débats, 9 avril 1890.

M. Delbos connaît évidemment bien l'Angleterre. Il me paraît surtout juger, avec une grande compétence, les questions relatives à l'enseignement.

République française, 14 avril 1890.

Pour faire son ouvrage, M. Delbos n'a point puisé dans les livres; c'est un travail neuf et consciencieux, vraiment instructif.

Revue du Cercle militaire, 20 avril 1890.

Joli livre, amusant, et plein de petits faits, comme on les aime aujourd'hui.

Observateur français, 25 avril 1890.

Quand on a lu ces douze chapitres on a une idée nette, précise, impartiale des idées et des mœurs respectives des Anglais et des Français.

National, 13 mai 1890.

A LA MÊME LIBRAIRIE

LA RUSSIE

POLITIQUE ET SOCIALE

Par **Léon TIKHOMIROV**

DEUXIÈME ÉDITION

1 volume in-8°, broché. . . . . 7 fr. 50

LE MÊME OUVRAGE

1 volume in-18 jésus, broché . . . . 3 fr. 50

M. Tikhomirov possède sans contredit toutes les qualités nécessaires pour décrire la situation politique et sociale de la Russie.

(*Francfurter Zeitung.*)

Une des meilleures descriptions de la Russie que nous connaissions.

(*Contemporary Review.*)

C'est la première fois que tant de renseignements et de suggestifs rapprochements sont offerts à notre public sous une forme concise et attrayante.

(*Le Figaro.*)

La question n'avait pas jusqu'ici été traitée avec cette compétence.

(*Le Temps.*)

A LA MÊME LIBRAIRIE

SOUVENIRS

Illustrés par l'Auteur

ENFANCE — VOYAGES — GUERRES

Par Vassili VERESCHAGIN

DEUXIÈME ÉDITION

1 volume in-18, broché . . . . 3 fr. 50

L'éditeur Savine continue la série de ses publications russes par les *Souvenirs* du peintre Vassili Vereschagin. L'auteur, qui a plus souvent tenu le pinceau et le fusil que la plume, s'excuse presque de ne donner au public que des croquis et des études. — Cela rentre dans l'esprit de l'art, et il veut laisser le lecteur compléter par les souvenirs de sa récente exposition les impressions qu'il a fixées.

Ce livre sera lu par tous ceux qui aiment l'observation sincère et la simplicité du rendu. L'attention sera surtout attirée par les chapitres sur Tourguéneff, objet de polémiques récentes, sur la guerre russo-turque et sur Skobeleff.

Ces esquisses de mœurs militaires plairont. La manière d'être intime de l'armée russe y est largement étudiée, et le caractère slave du général Skobeleff se rapproche trop de celui de certaines personnalités en vue en ce moment pour que le livre n'excite pas une curiosité méritée.

(Pays.)

Le peintre russe Vassili Vereschagin, dont les œuvres étaient récemment exposées à Paris, a recueilli ses *Souvenirs* que publie la librairie Savine. Ils seront lus par tous les amis de l'observation sincère et de la simplicité des moyens. Nombre de pages sur Tourguéneff, sur la guerre russo-turque, sur Skobeleff, attirent et retiennent l'attention. Ce sont, pour la plupart, des esquisses de mœurs militaires, des études sur la manière d'être intime de l'armée russe, sur le caractère slave de l'infortuné Skobeleff, toutes choses des plus actuelles et qui, dans les circonstances présentes, sont assurées du succès. *(Soleil.)*

Le peintre Vassili Vereschagin ne se contente pas de susciter l'attention des artistes : il veut se faire en France une réputation de conteur. Il publie des relations de voyage, des *souvenirs*, illustrés par son crayon, qui paraissent mériter plus que l'attention. La franchise, la simplicité du narrateur plaisent tout d'abord ; ses observations sur les mœurs militaires de la Russie, les chapitres sur Tourguéneff, sur Skobeleff, sont des plus instructifs.

Les illustrations dues à l'auteur serviront à populariser les faits racontés et aideront au succès du livre.

(Le Rappel.)

A LA MÊME LIBRAIRIE

L'ESPAGNE TELLE QU'ELLE EST

Par **V. ALMIRALL**

DEUXIÈME ÉDITION

1 volume in-18 jésus, broché . . . . 3 fr. 50

L'auteur de ce livre est un Catalan et un séparatiste, ou pour parler plus exactement, un régionaliste. N'appartenant à aucun des partis qui divisent l'Espagne, il a la prétention de la dépeindre telle qu'elle est en réalité, dans sa décrépitude, et il justifie cette prétention. Les amateurs de poésie qui ne voient l'Espagne qu'à travers la description des voyageurs se copiant les uns les autres, seront déçus à la lecture du livre de M. Almirall. Ils n'y trouveront ni les moines, ni les Figaros, ni les manolas traditionnels. Mais les hommes qui pensent rencontreront là les résultats sérieux d'une observation sincère et connaîtront l'Espagne réelle, c'est-à-dire un pays grand par son histoire et ses ressources, qui ne demande qu'à se relever de l'appauvrissement où l'a jeté son grand effort historique : la découverte et l'assimilation de l'Amérique.

(*Le Matin.*)

L'Espagne est le pays le plus attrayant à mes yeux. Il a le pittoresque de la nature, des monuments, avec une race superbe; seulement il n'a pas encore le gouvernement qui l'unifie, qui aide et achève ses destinées. Mais dans cette agitation perpétuelle qui étonne l'Europe, il va toujours en avant; il se développe, Philippe II a fait bâtir l'Escurial sur le plan d'un gril de Saint-Laurent. Il semble que l'Espagne soit ramenée de temps en temps sur ce gril ; elle ne veut pas s'y faire attacher, se débat, et comme elle a l'enthousiasme, l'éloquence, le courage, elle entretient sa foi par des victoires épisodiques qui lui présagent la victoire définitive.

M. Almirall est un Espagnol très indépendant. Dans son livre, *l'Espagne telle qu'elle est*, il ose dire des partis ce qu'un étranger ne peut et n'oserait dire. Il ne faut pas croire que son œuvre soit uniquement politique. Les croquis amusants se mêlent aux citations de la statistique. Ce livre est comme l'Espagne elle-même. Il a une bonne humeur inébranlable tout en constatant des misères. (*Rappel.*)

L'auteur ne nous dissimule aucune des faces de la vie espagnole. L'organisation des partis, les luttes électorales, le rôle qu'y jouent bandits et gouverneurs, lui sont autant de motifs de croquis amusants en même temps que pleins d'enseignements. Le livre sera lu et discuté à Madrid comme à Paris.

(*National.*)

Ecrit par un Espagnol, ce livre est un coup d'œil synoptique sur l'Espagne, ses mœurs, ses goûts, son caractère, ses œuvres, son avenir probable. (*Gazette de France.*)

Imp. du Progrès. — CH. LÉPICE, 7, rue du Bois, Asnières.

Paris, imprimerie de G. Balitout et Ce, 7, rue Baillif.

www.ingramcontent.com/pod-product-compliance
Ingram Content Group UK Ltd.
Pitfield, Milton Keynes, MK11 3LW, UK
UKHW020201250726
13967UKWH00003B/1194